Questo Libro

Appartient à

Colora Questa Lumaca

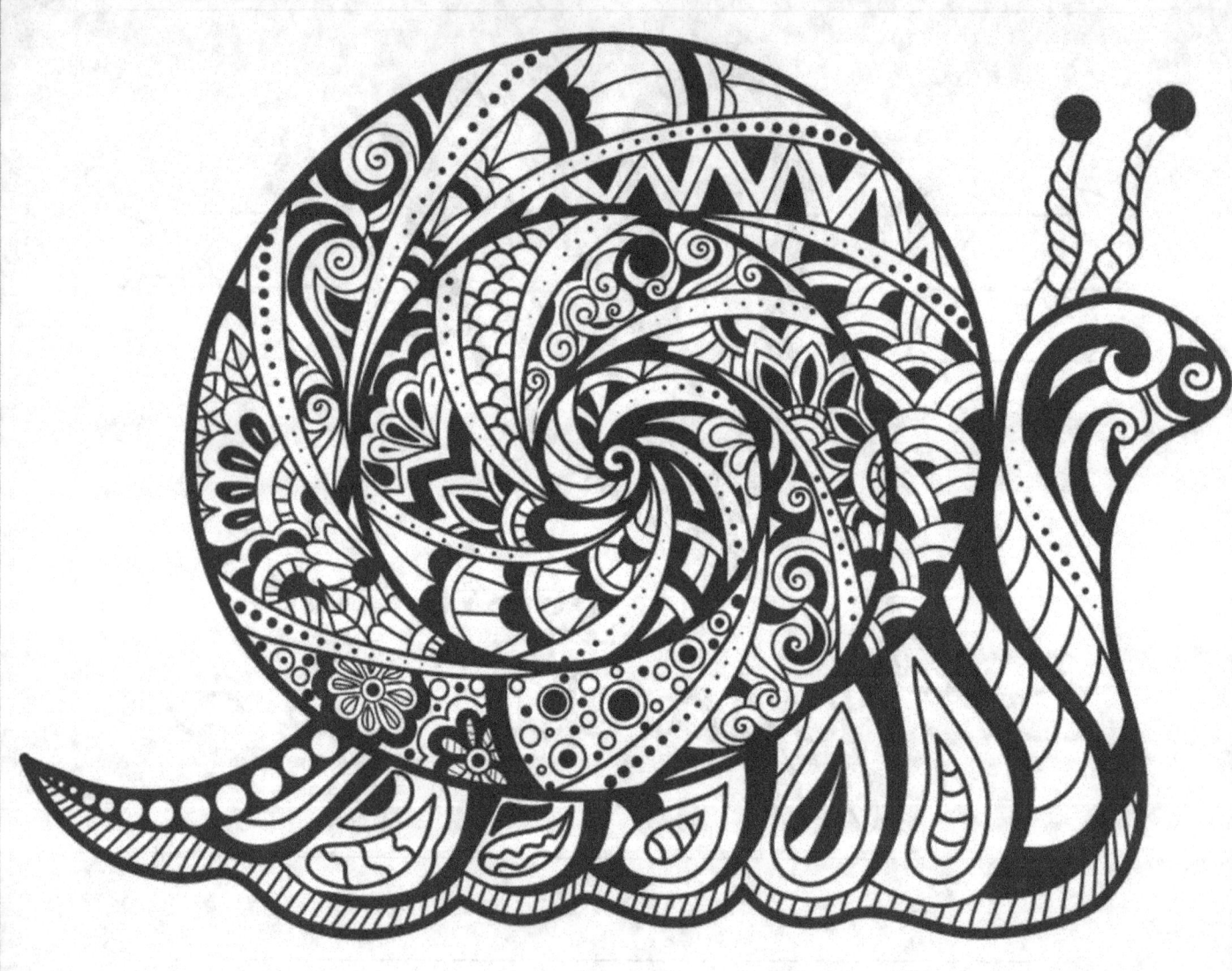

Colora Questa Lumaca

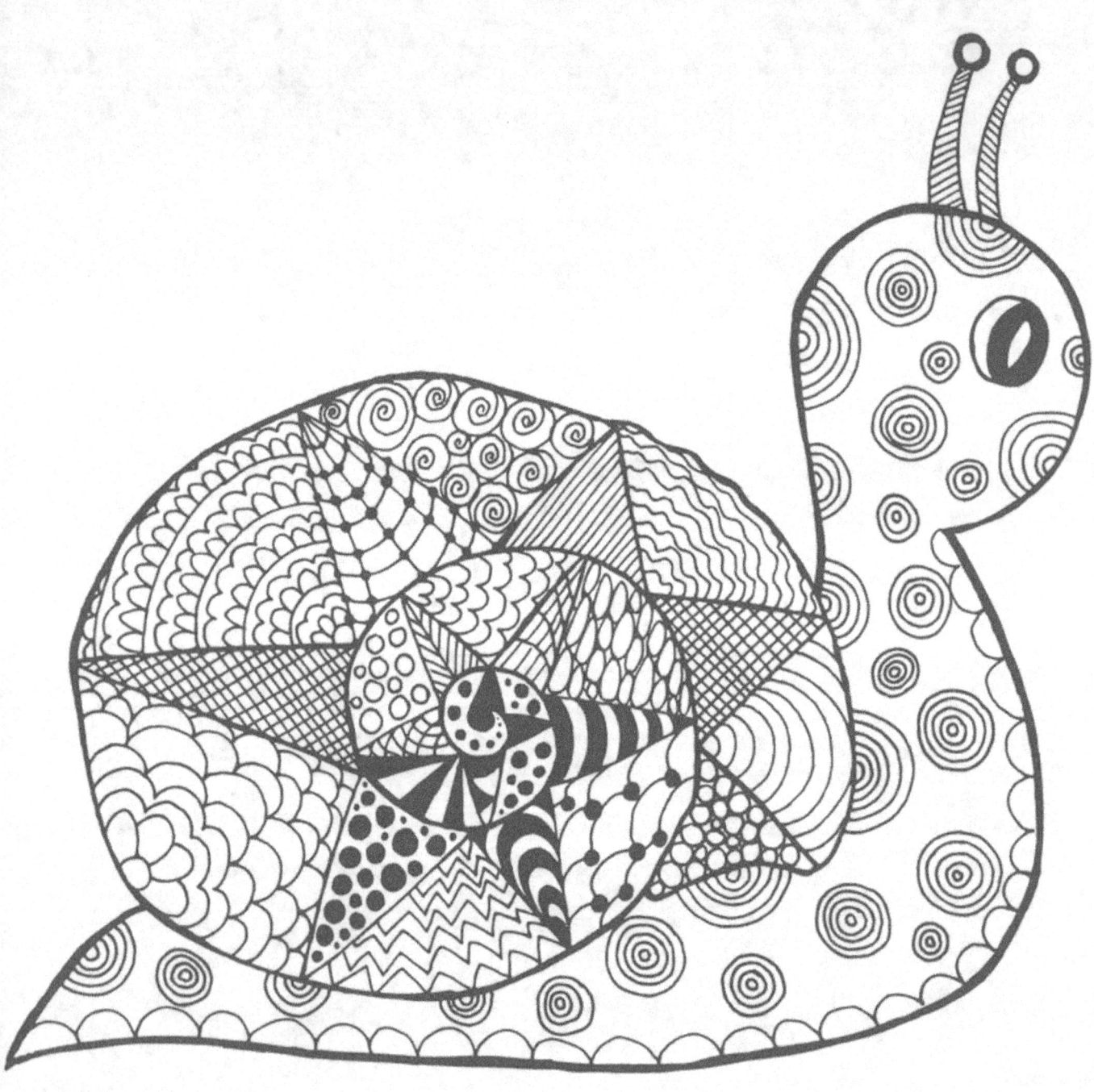

Colora Questa Lumaca

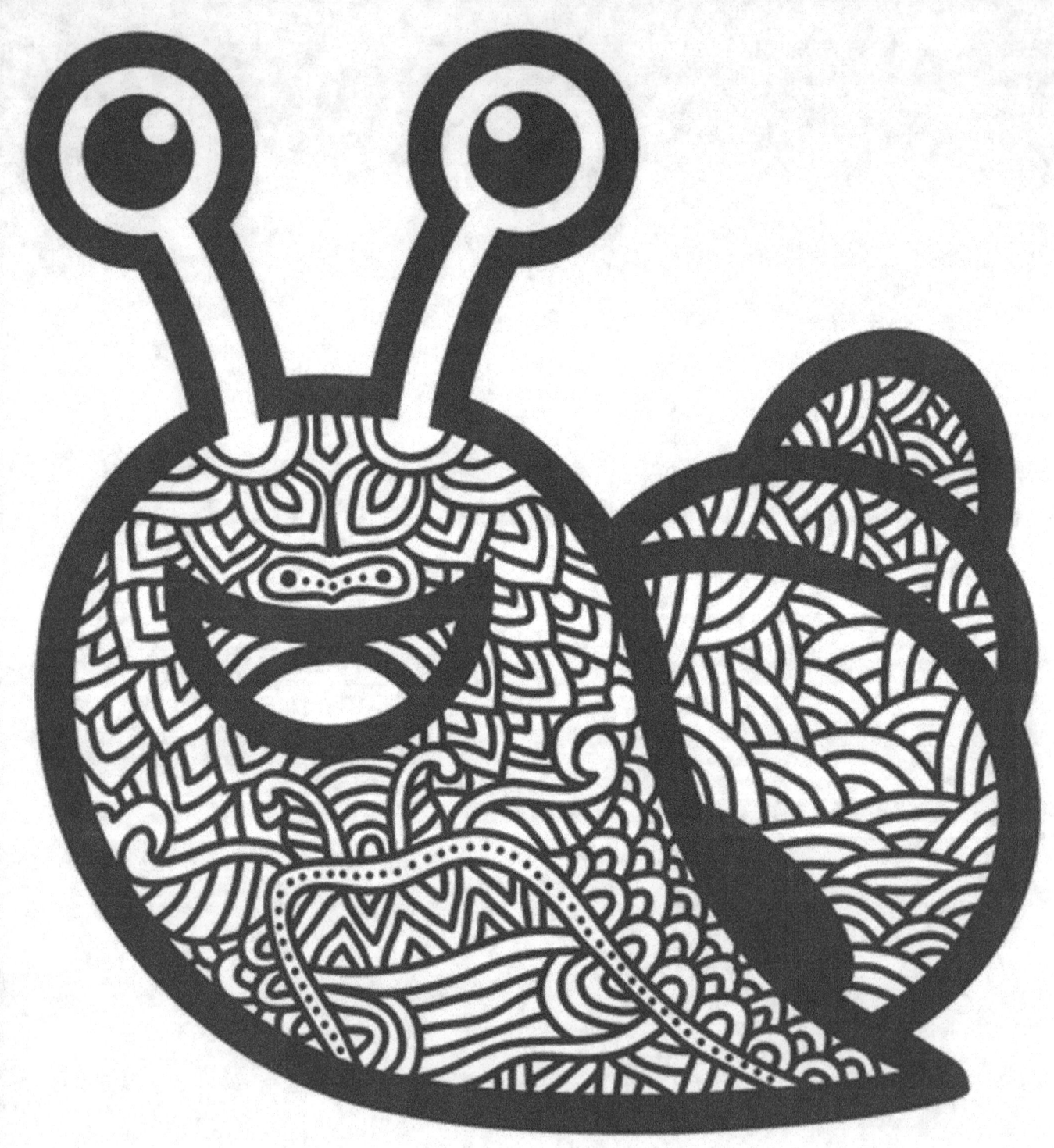

Colora Questa Lumaca

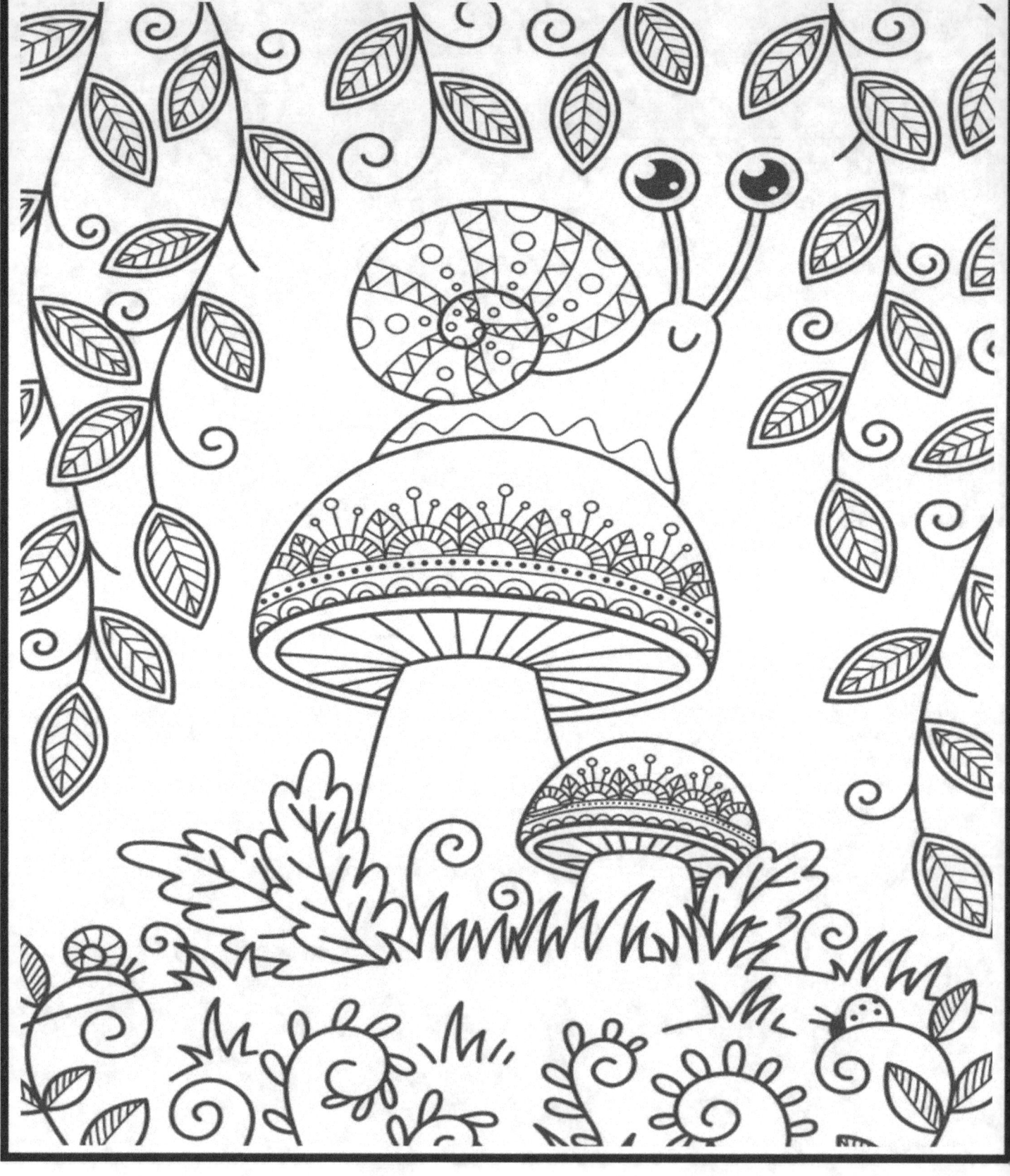

Colora Questa Lumaca

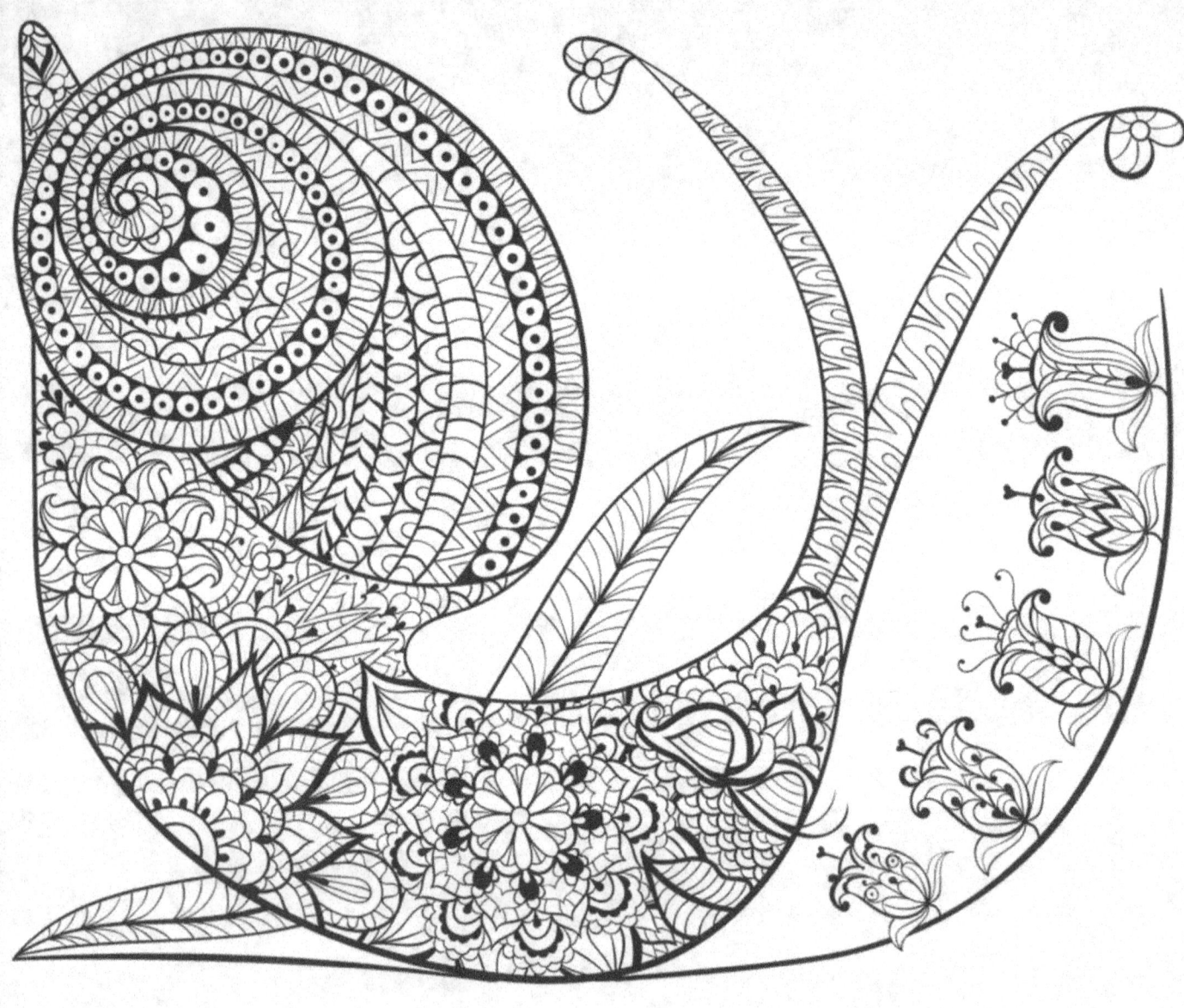

Colora Questa Lumaca

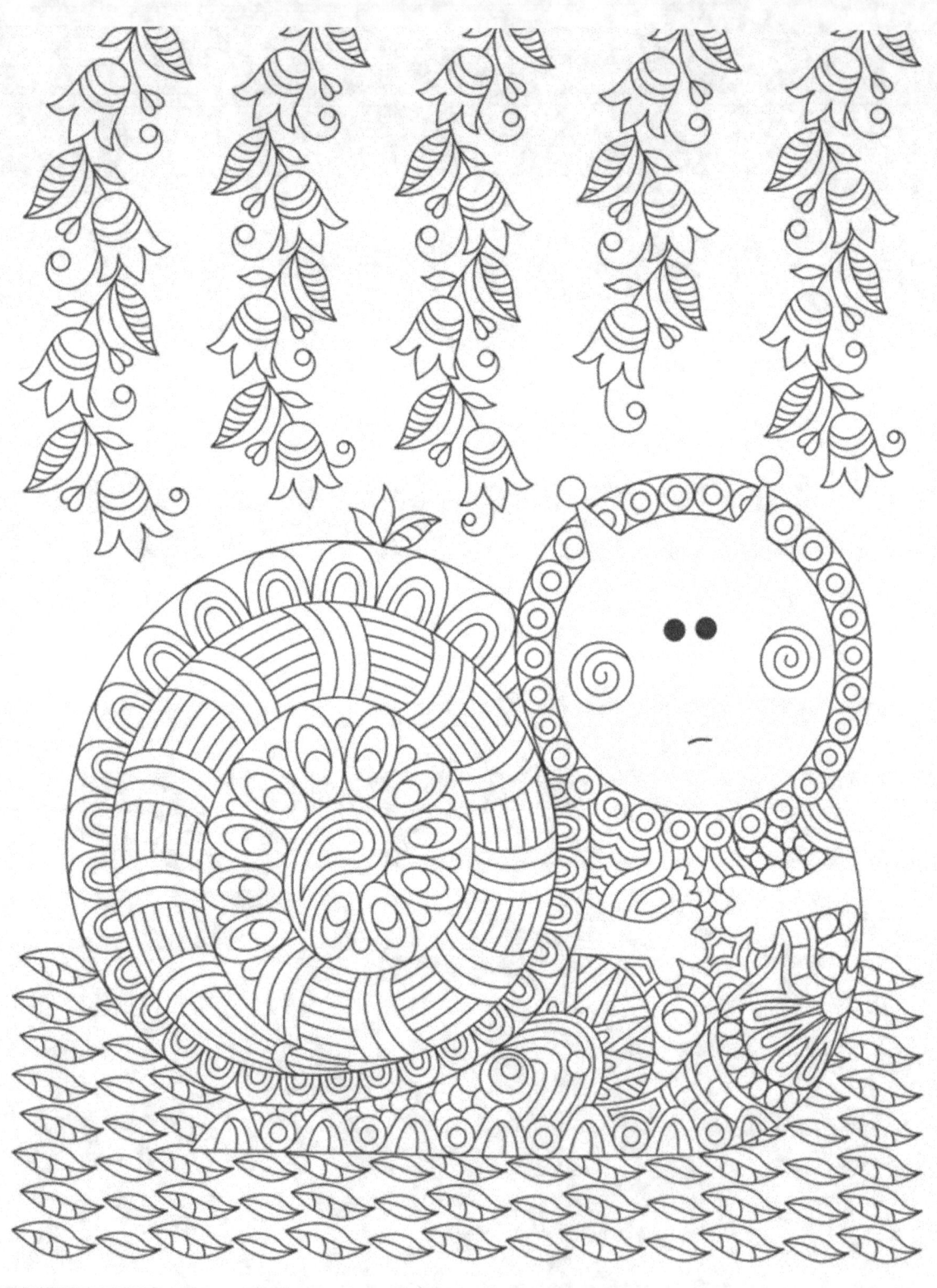

Colora Questa Lumaca

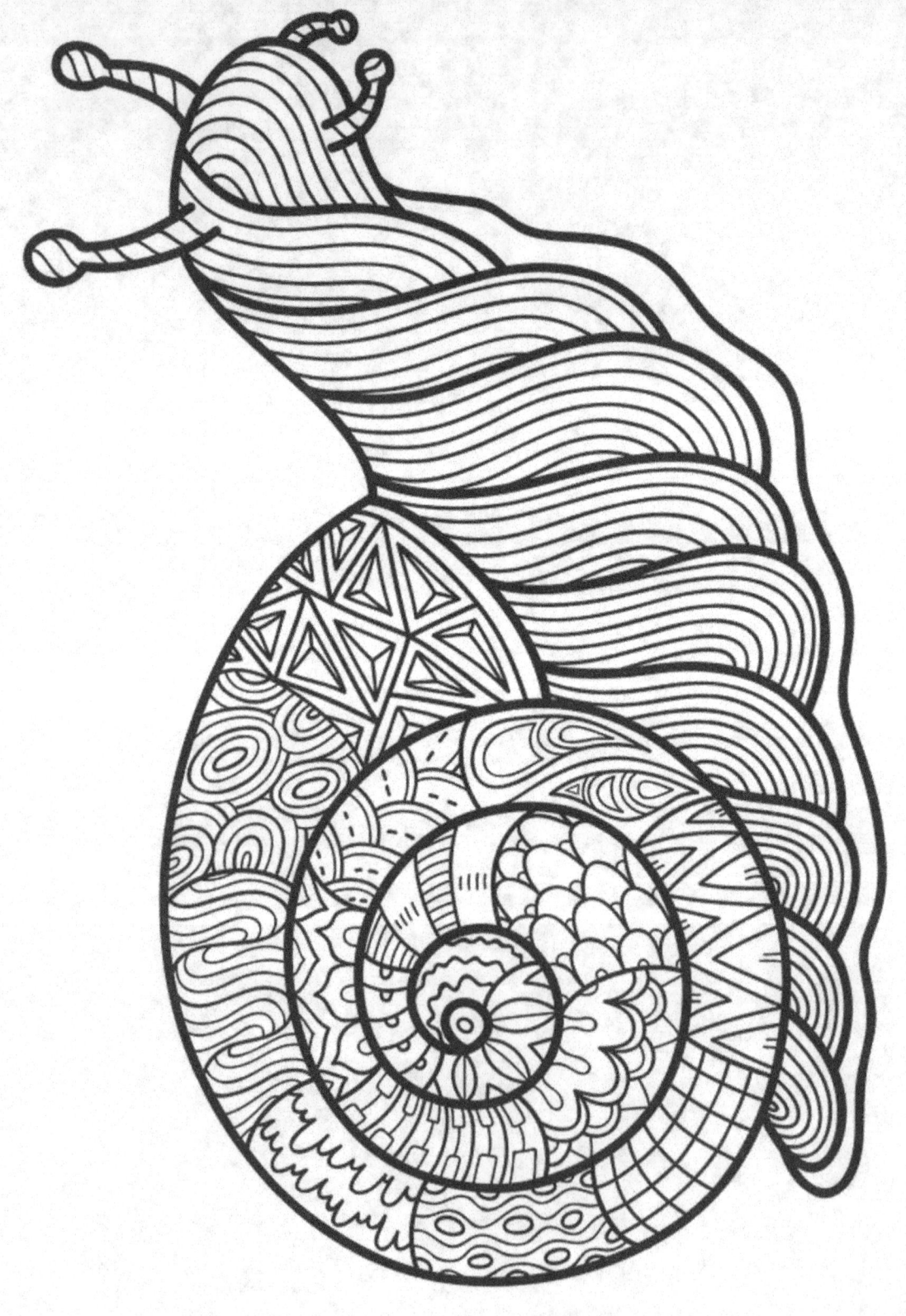

Colora Questa Lumaca

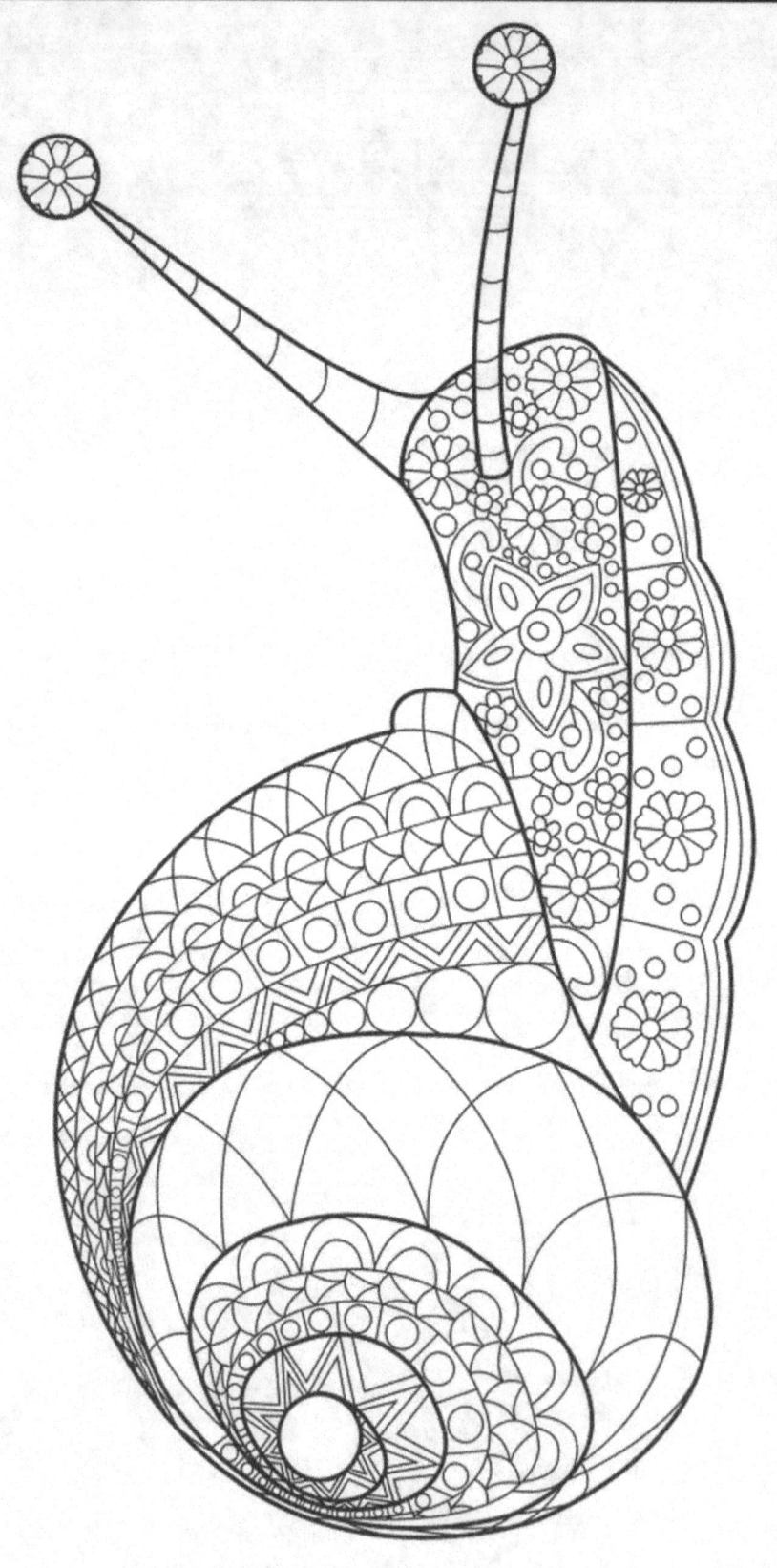

Colora Questa Lumaca

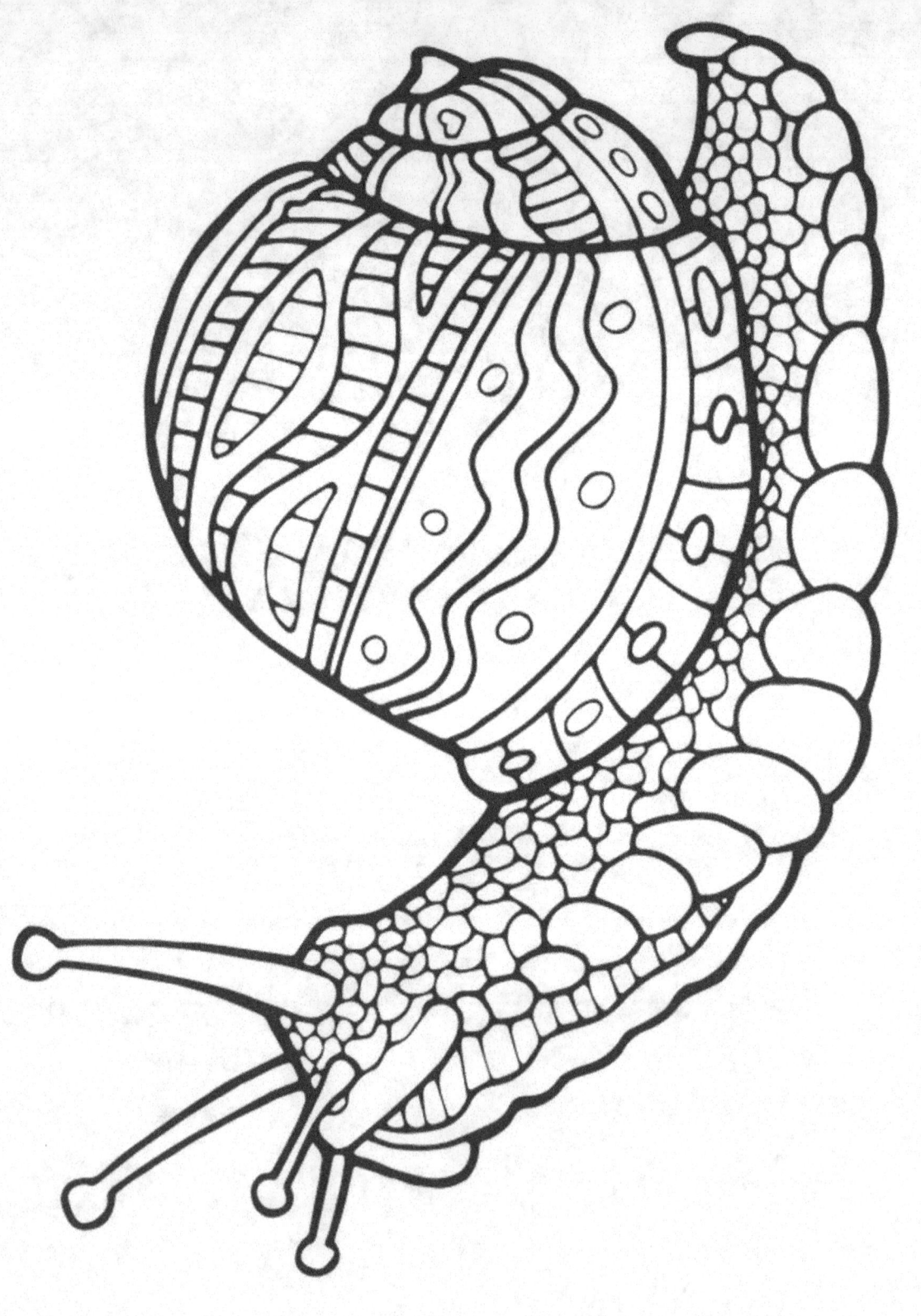

Colora Questa Lumaca

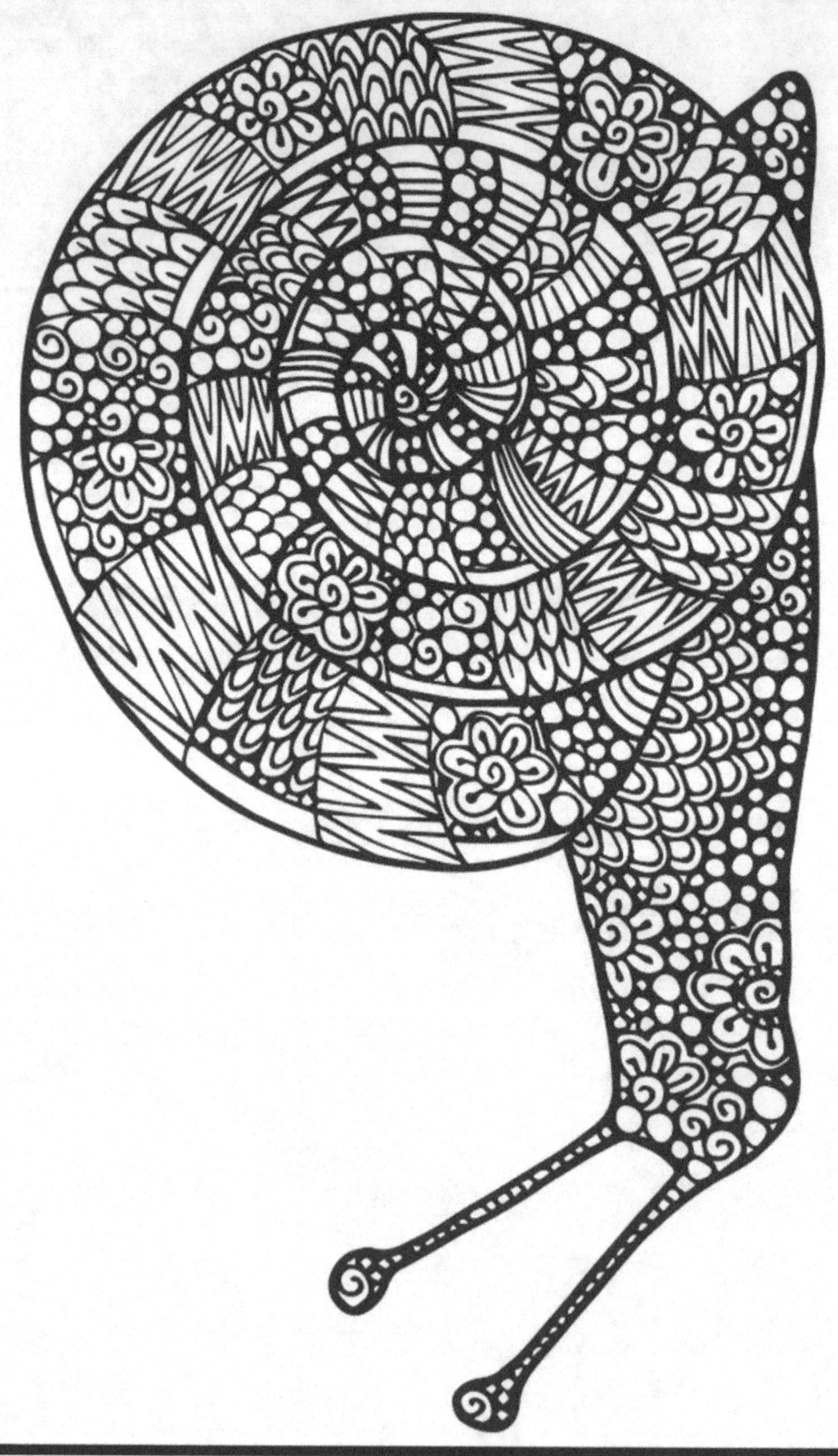

Colora Questa Lumaca

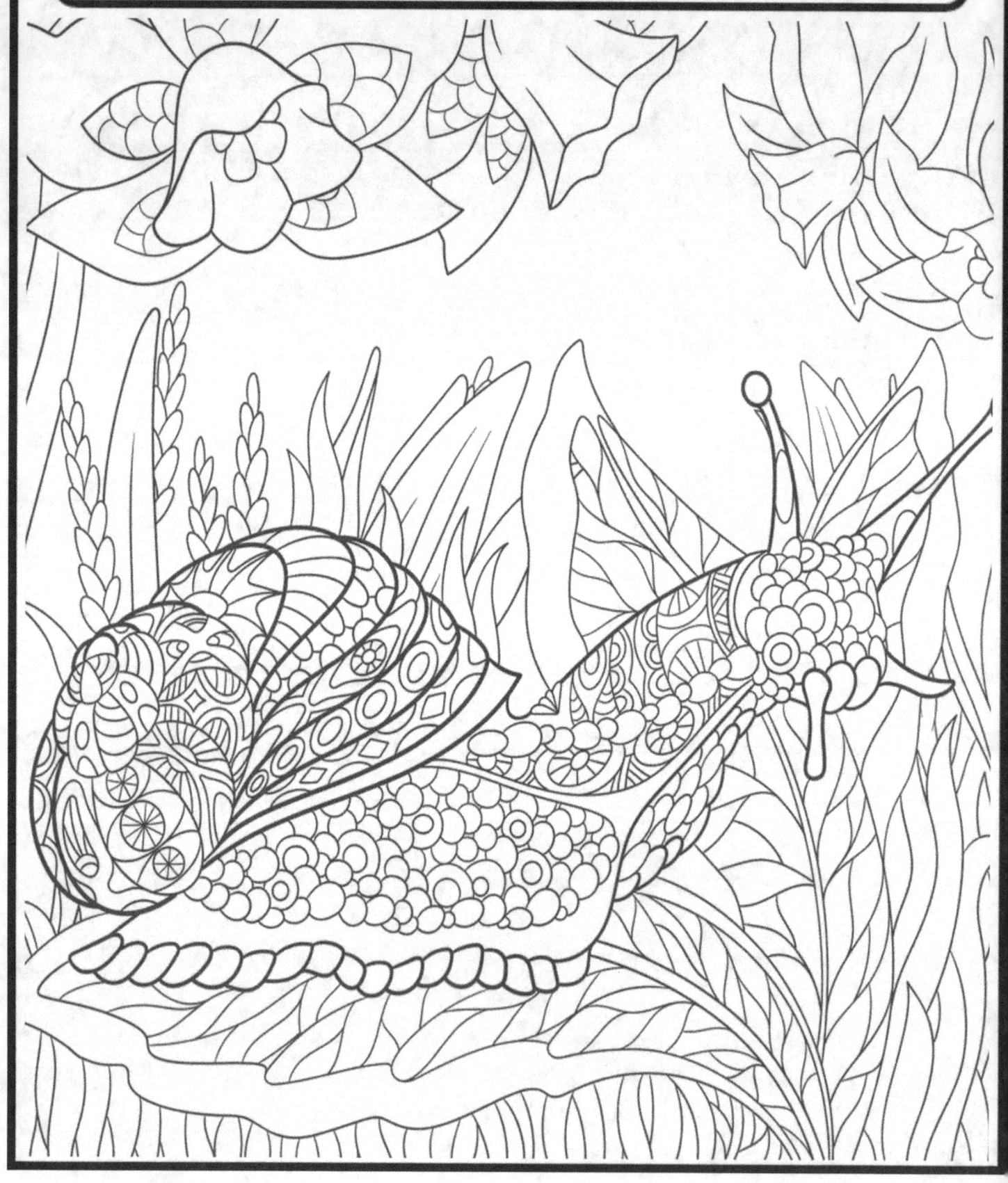

Colora Questa Lumaca

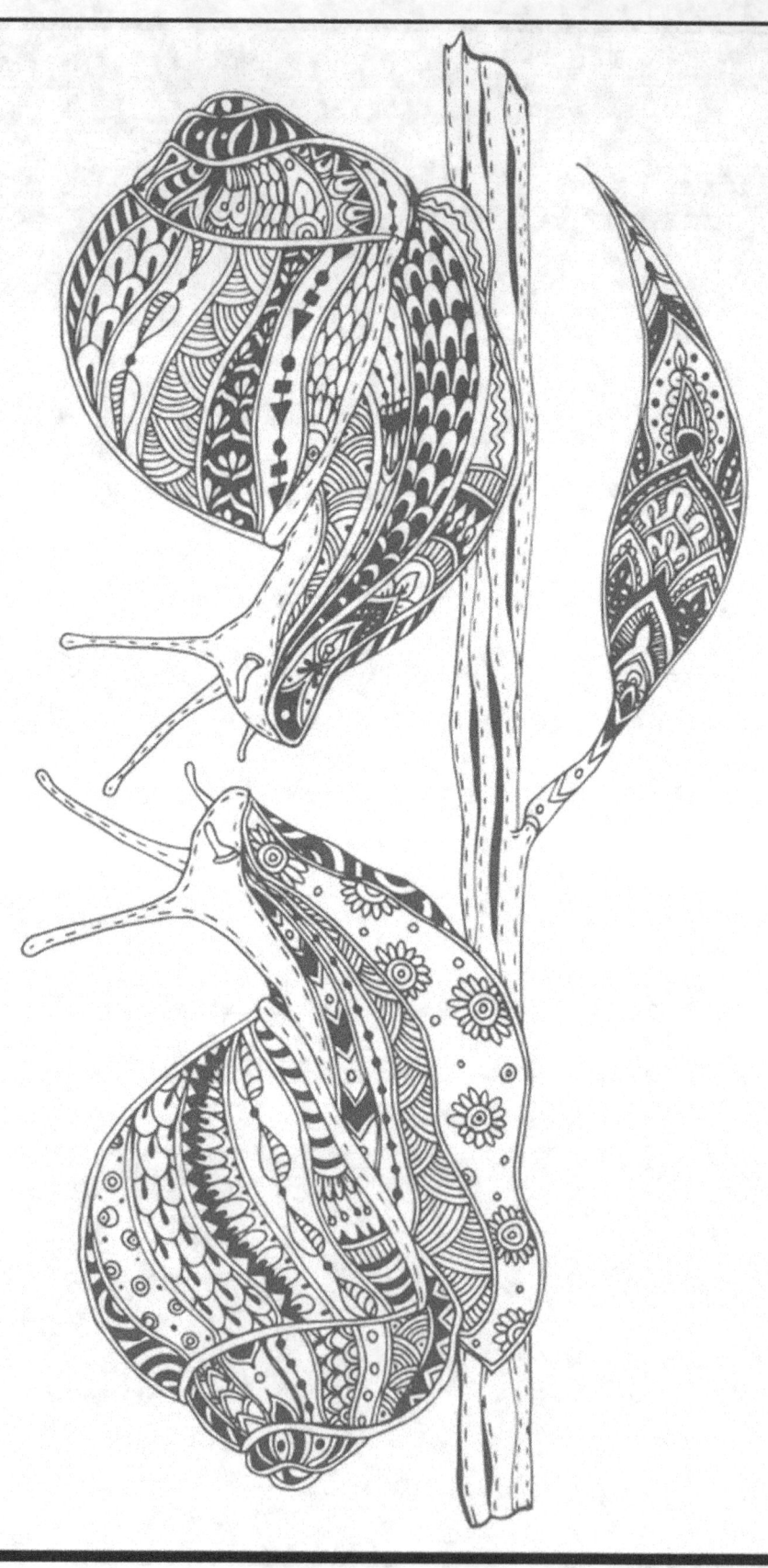

Colora Questa Lumaca

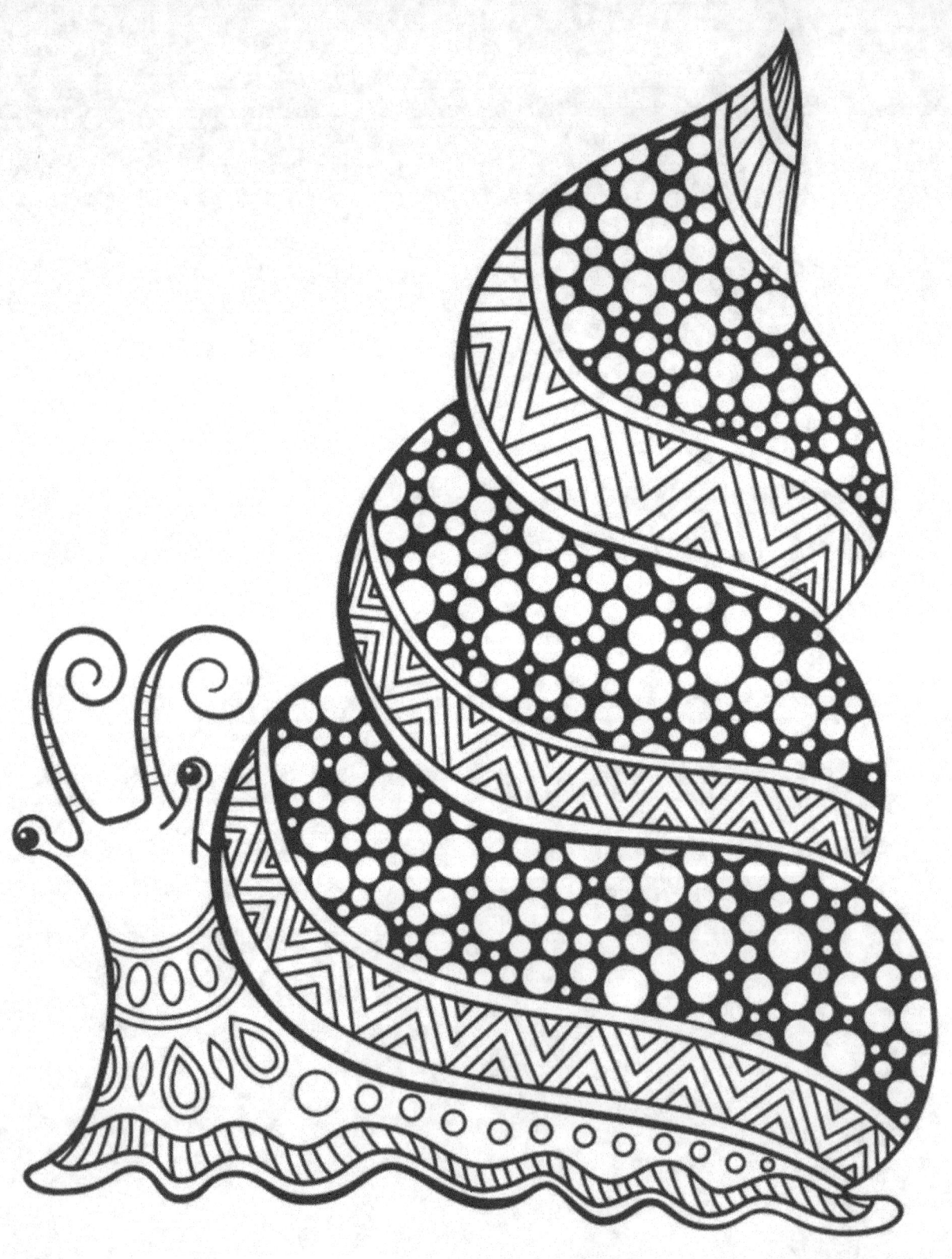

Colora Questa Lumaca

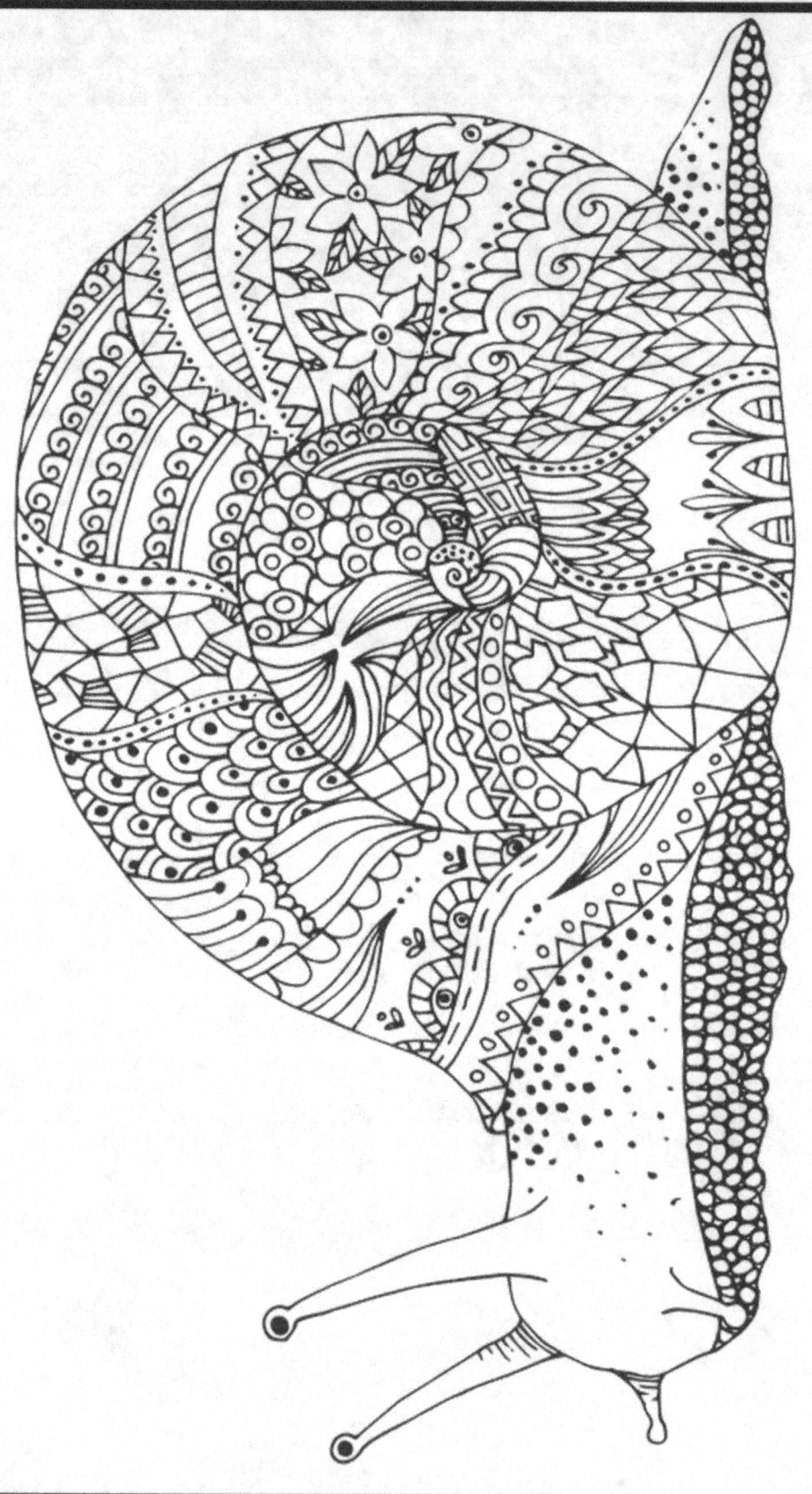

Colora Questa Lumaca

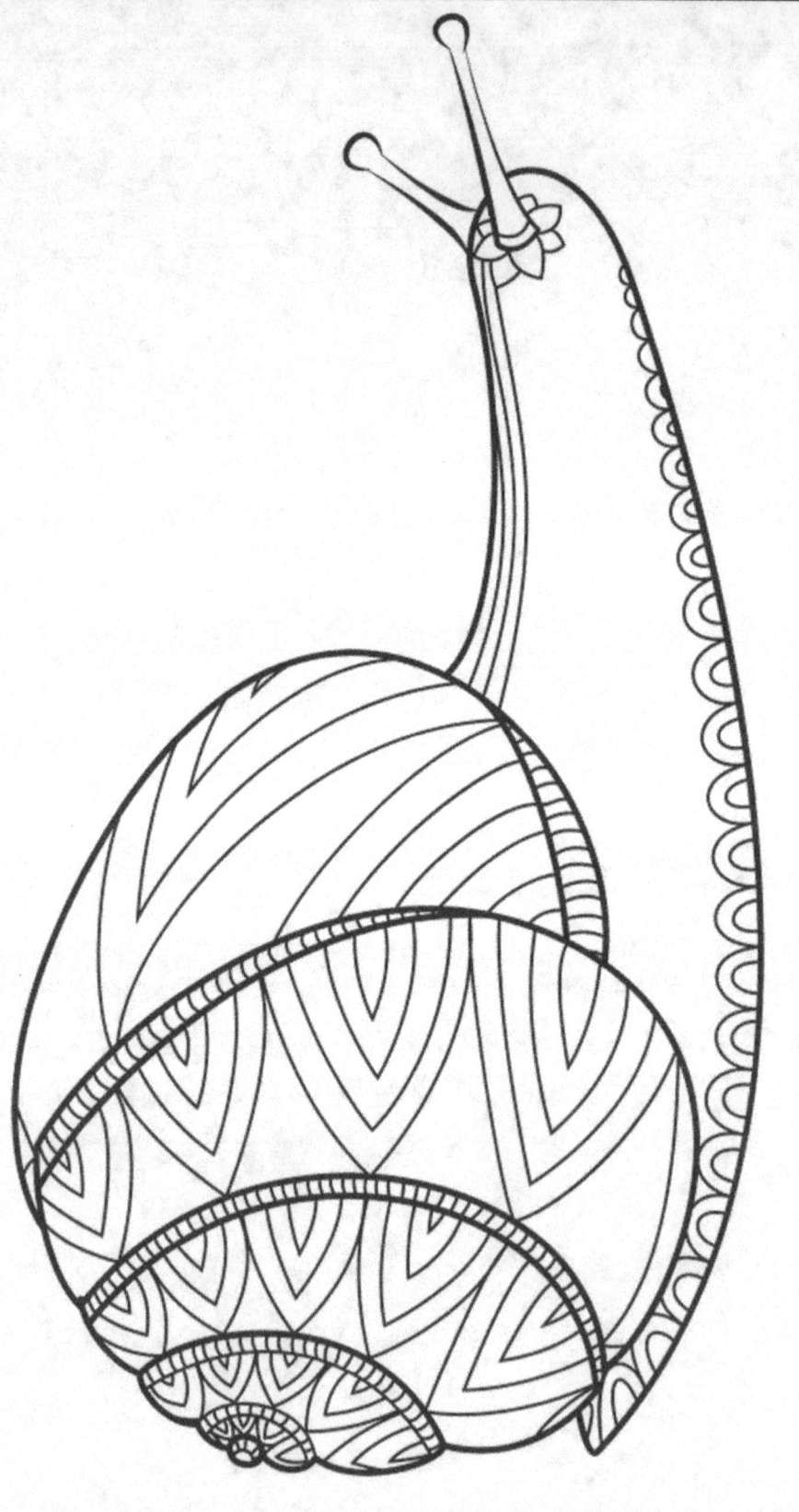

Colora Questa Lumaca

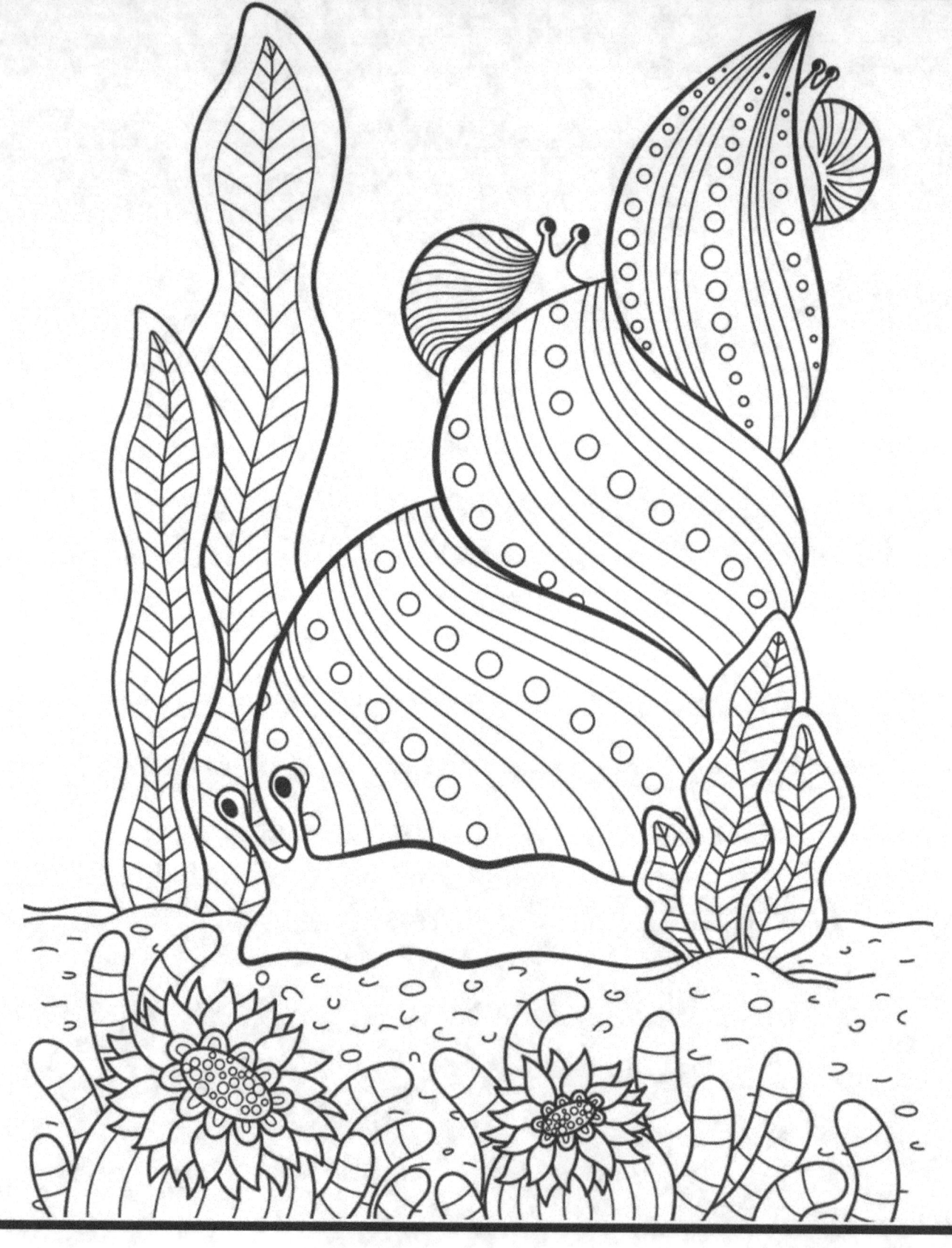

Colora Questa Lumaca

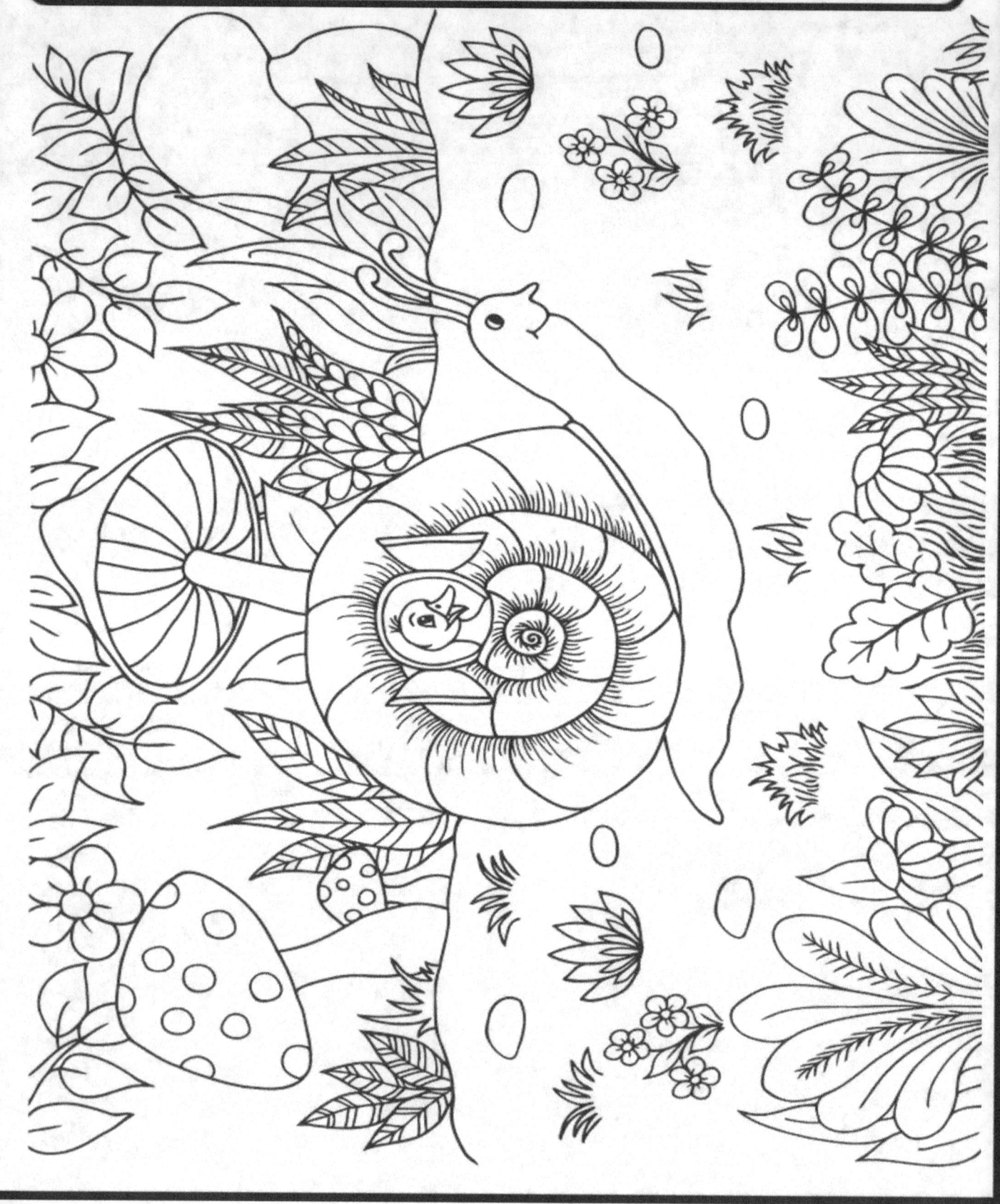

Colora Questa Lumaca

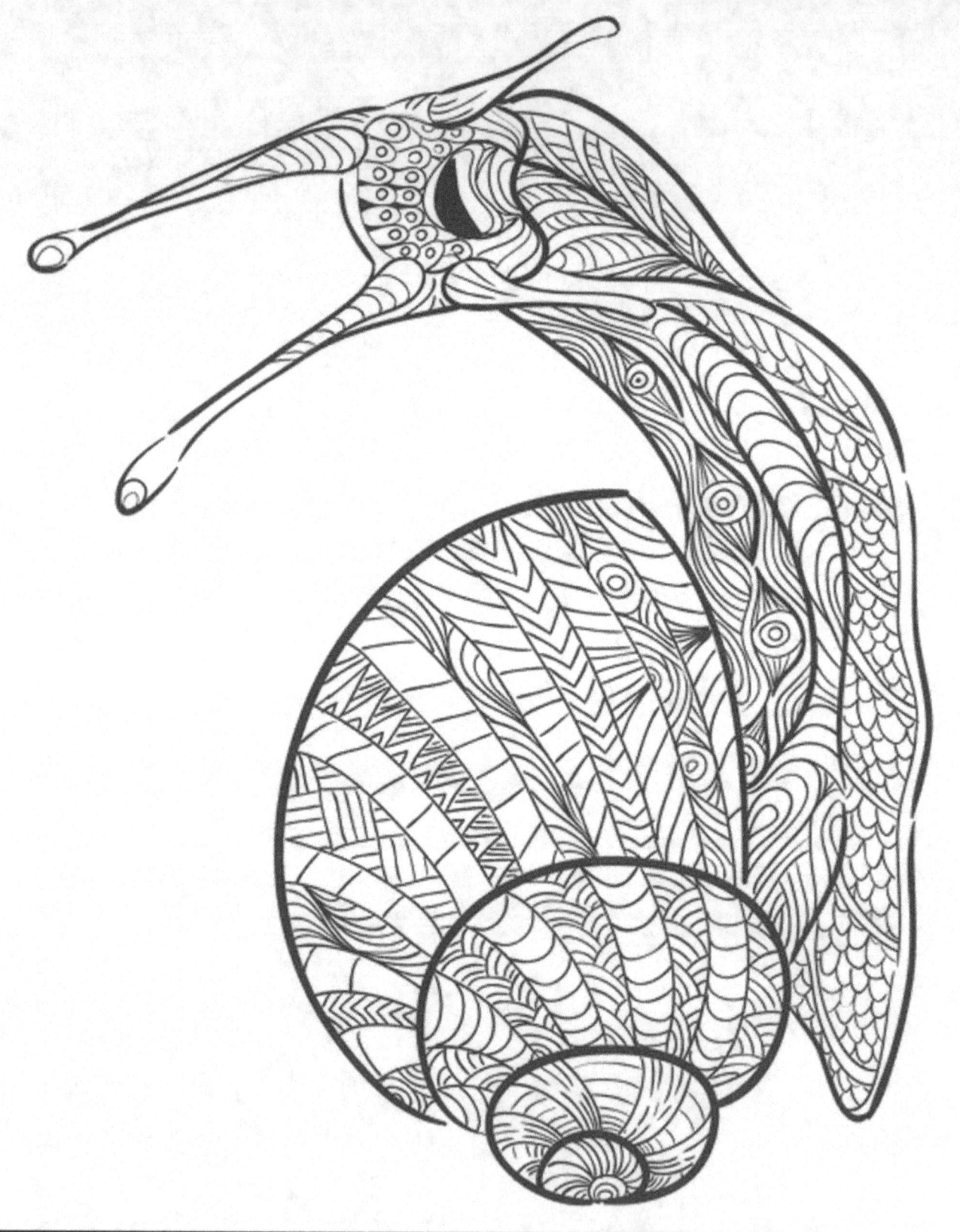

Colora Questa Lumaca

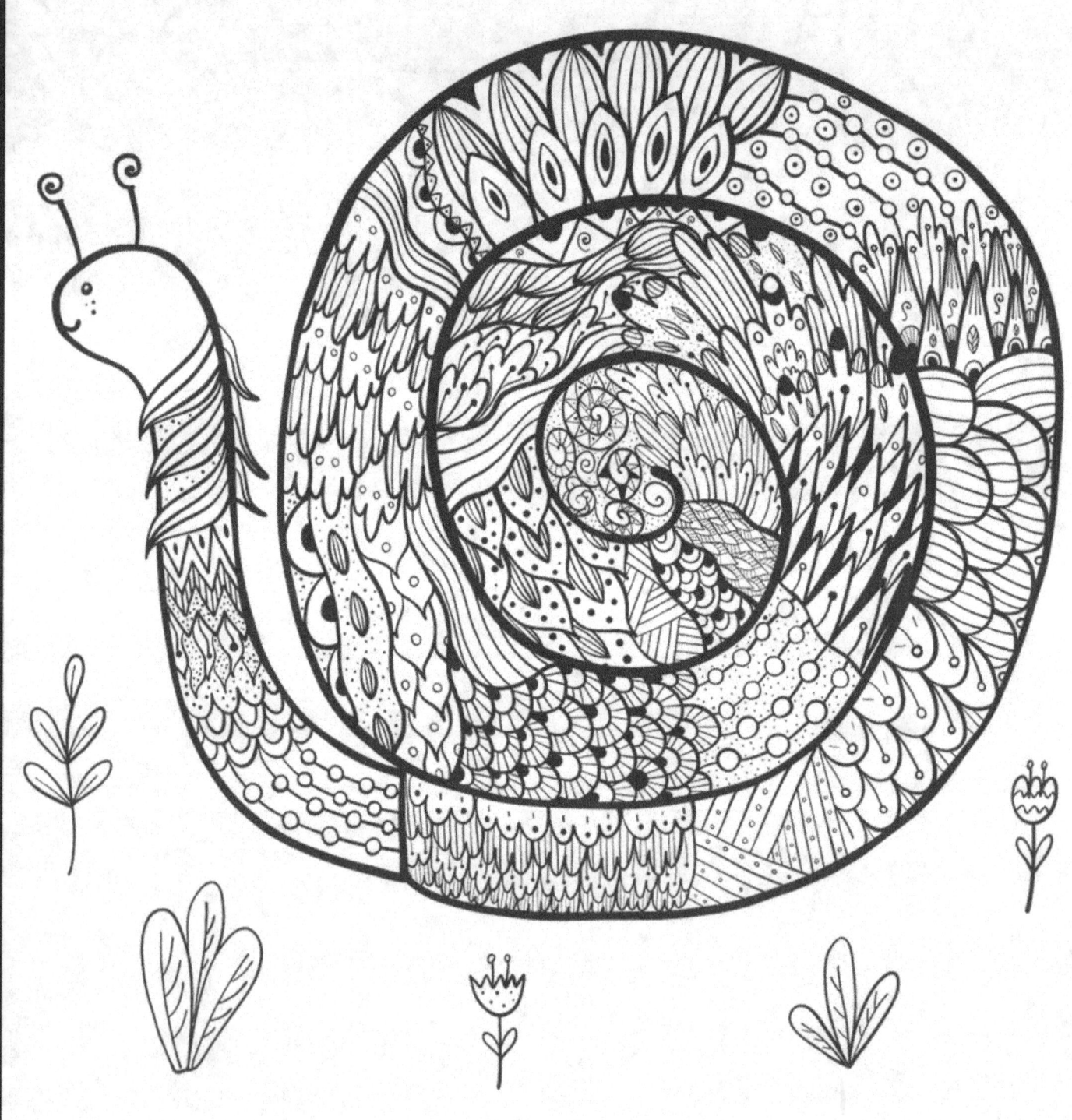

Colora Questa Lumaca

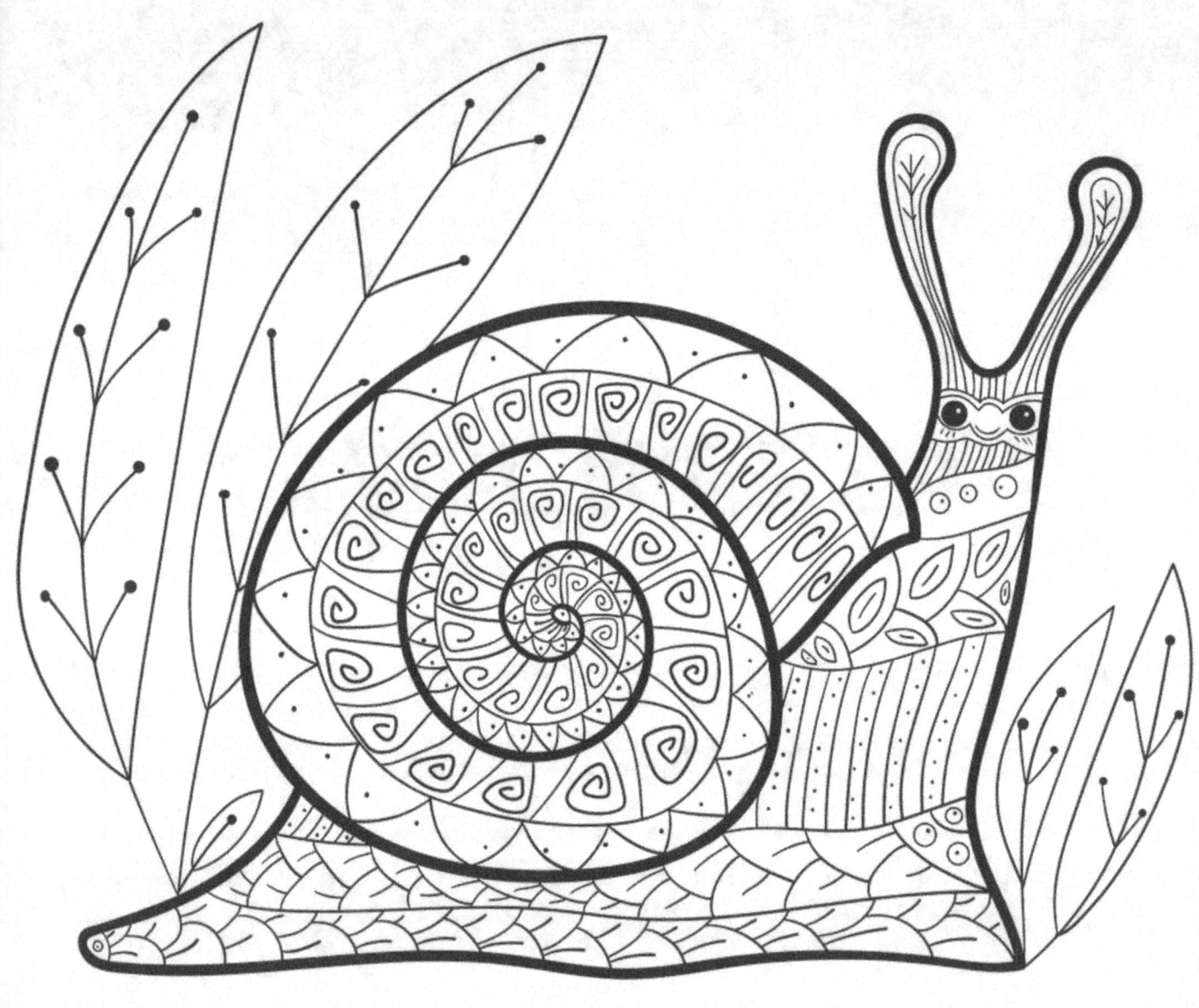

Colora Questa Lumaca

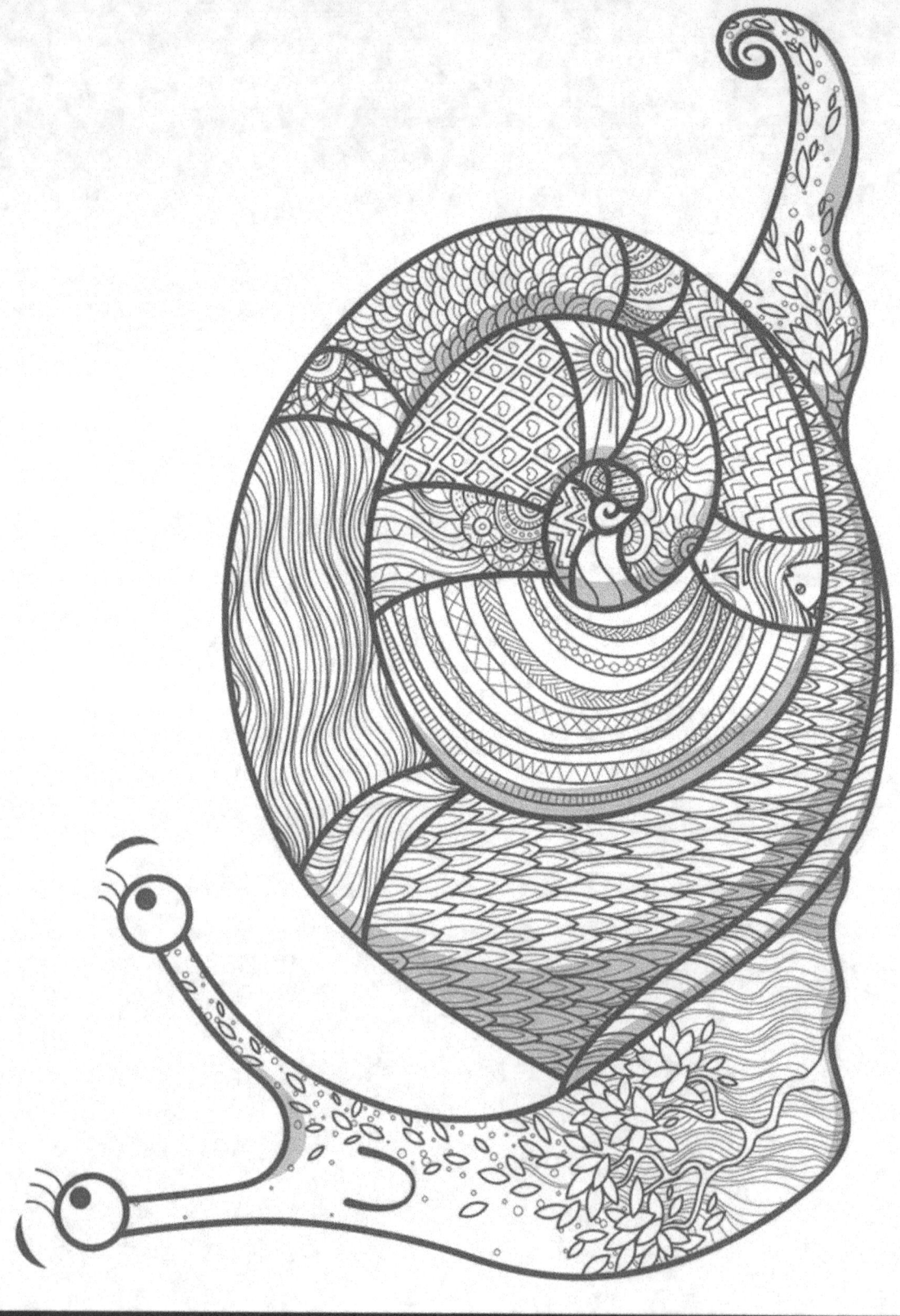

Colora Questa Lumaca

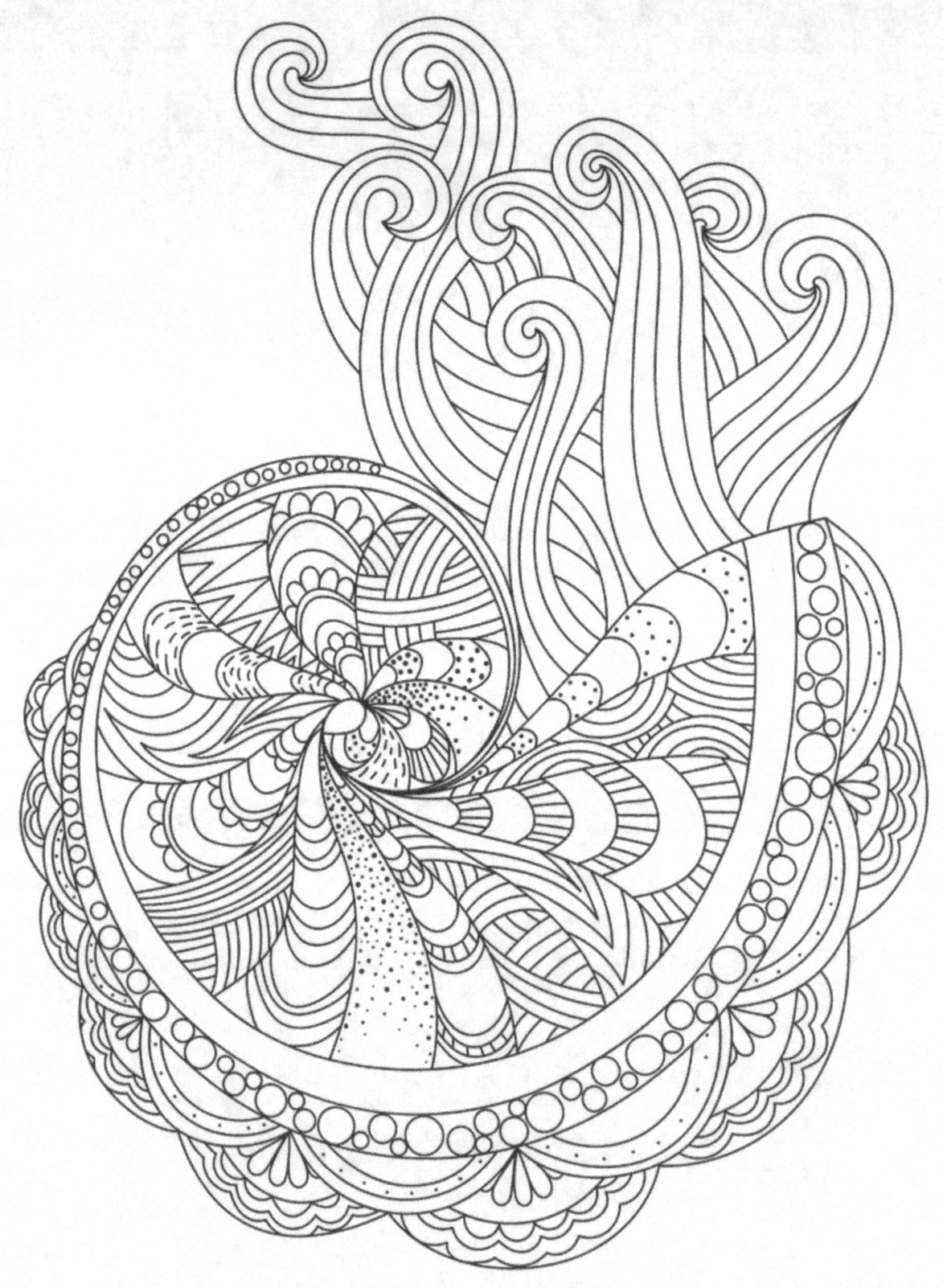

Colora Questa Lumaca

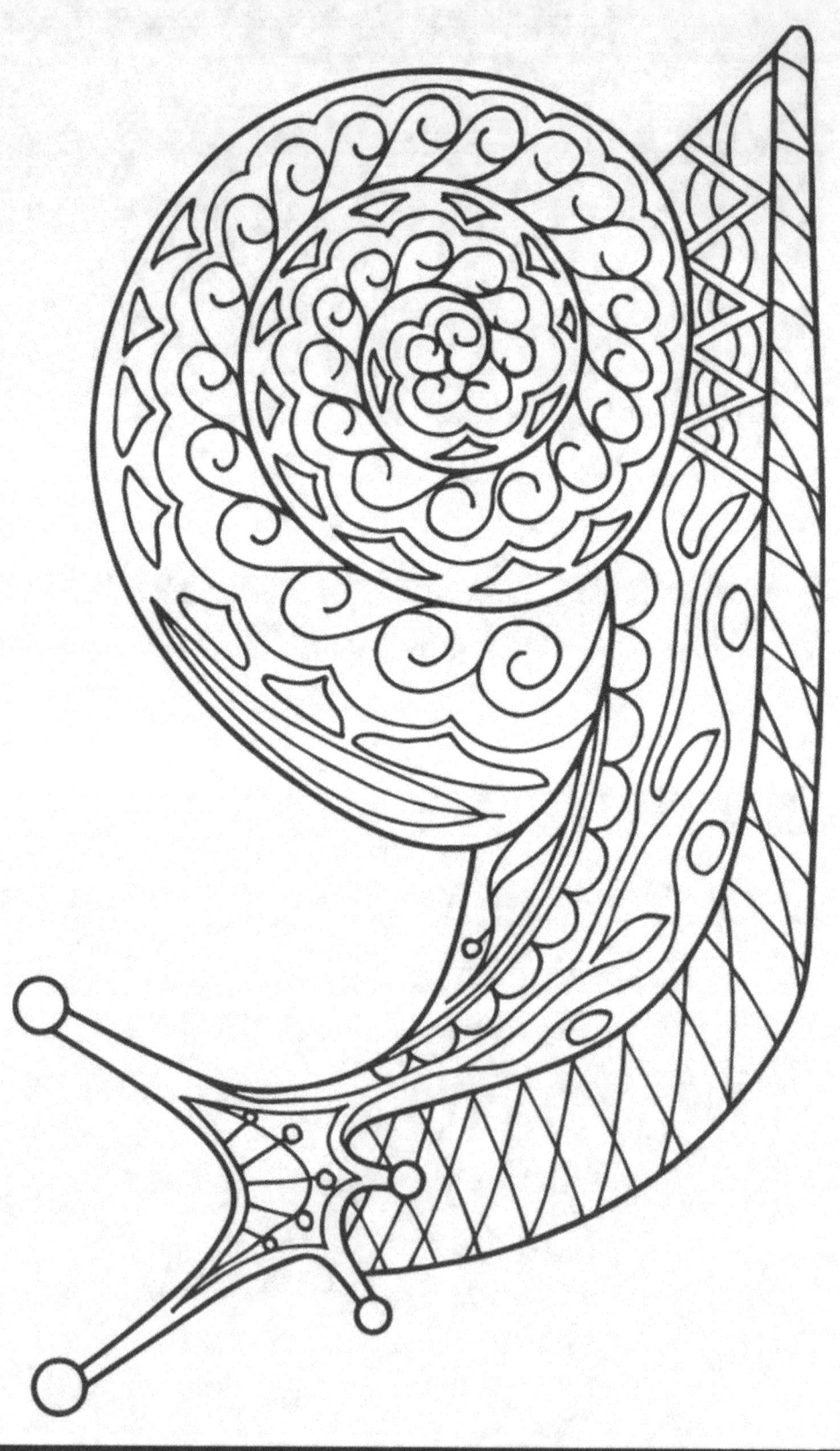

Colora Questa Lumaca

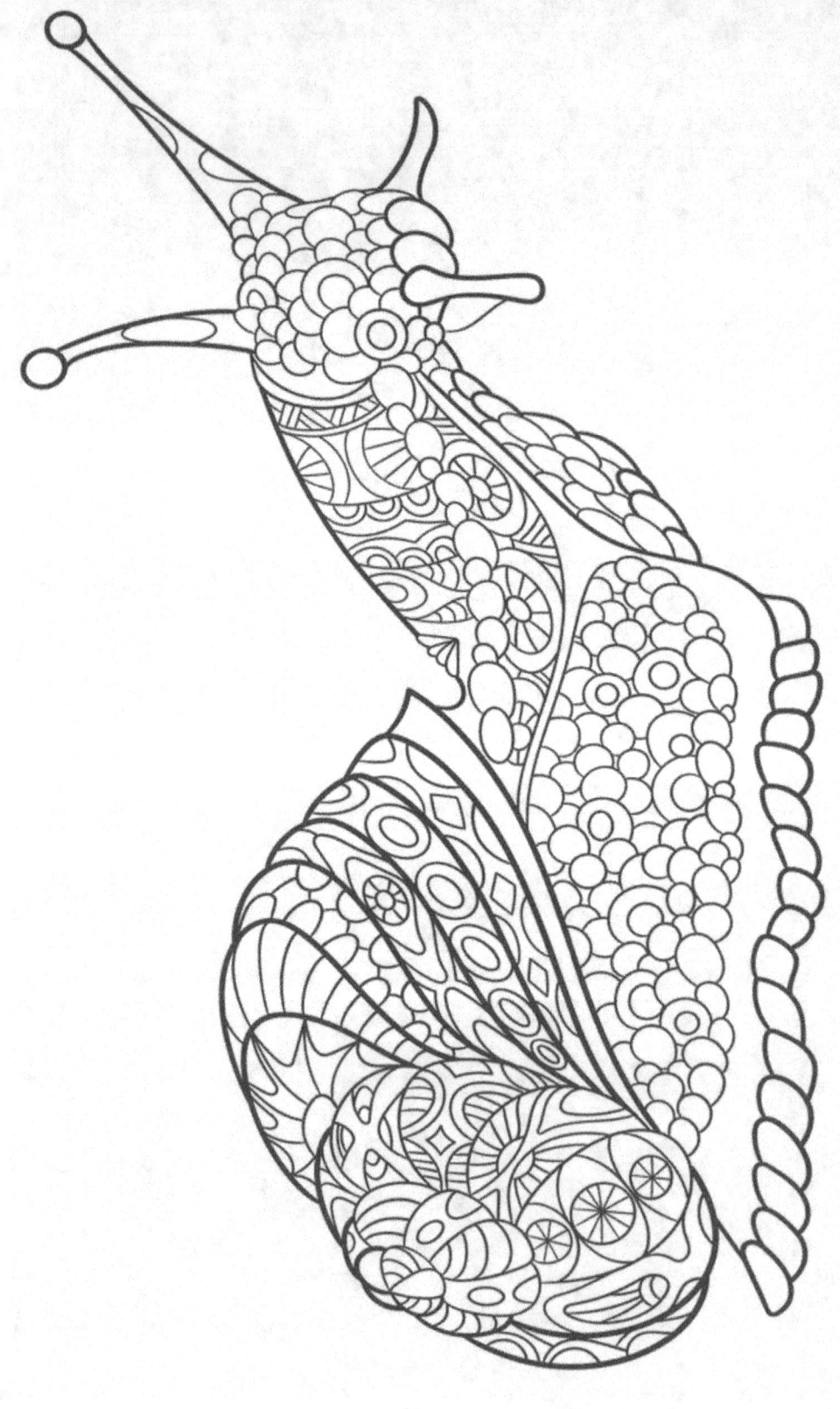

Colora Questa Lumaca

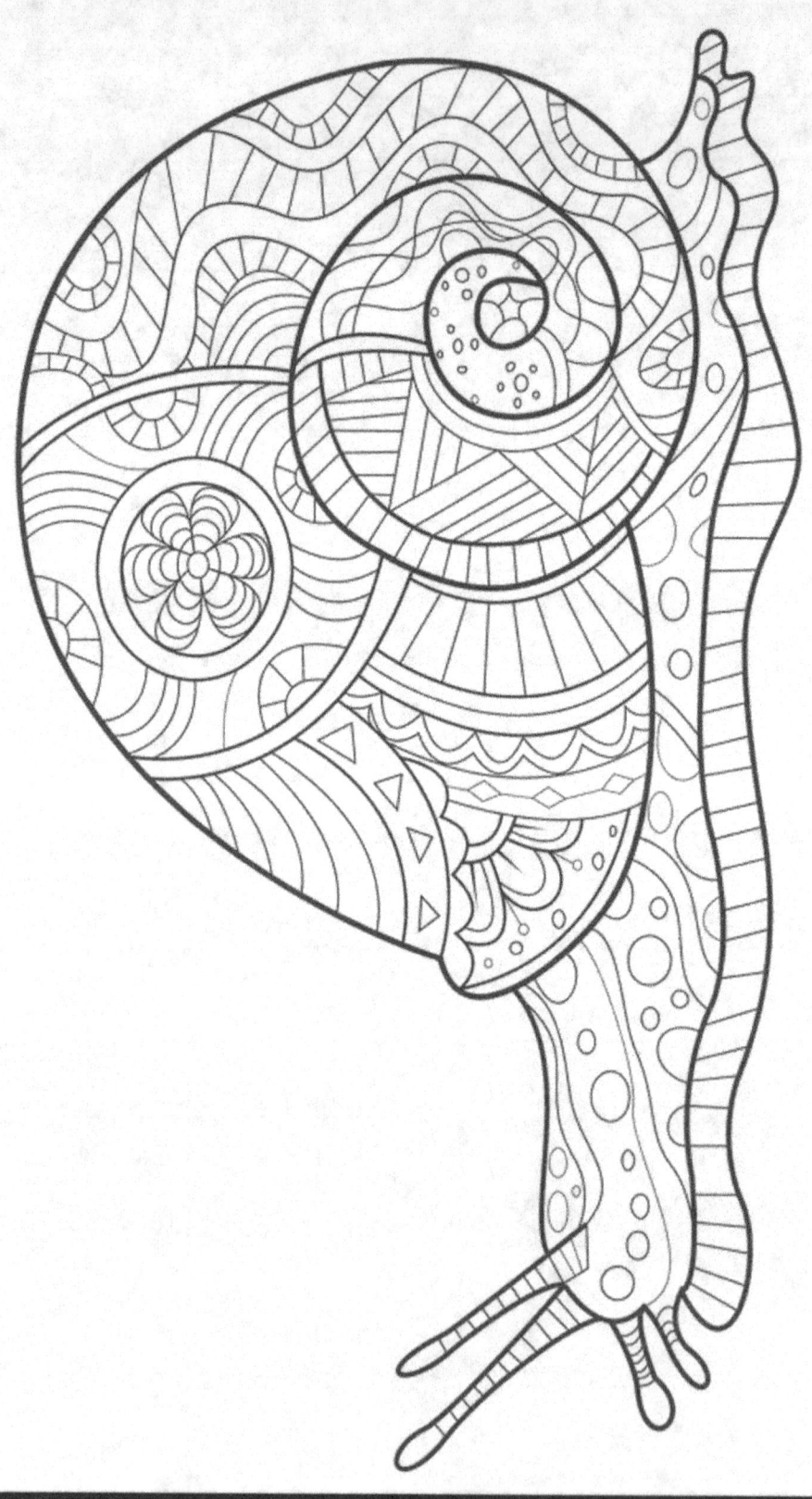

Colora Questa Lumaca

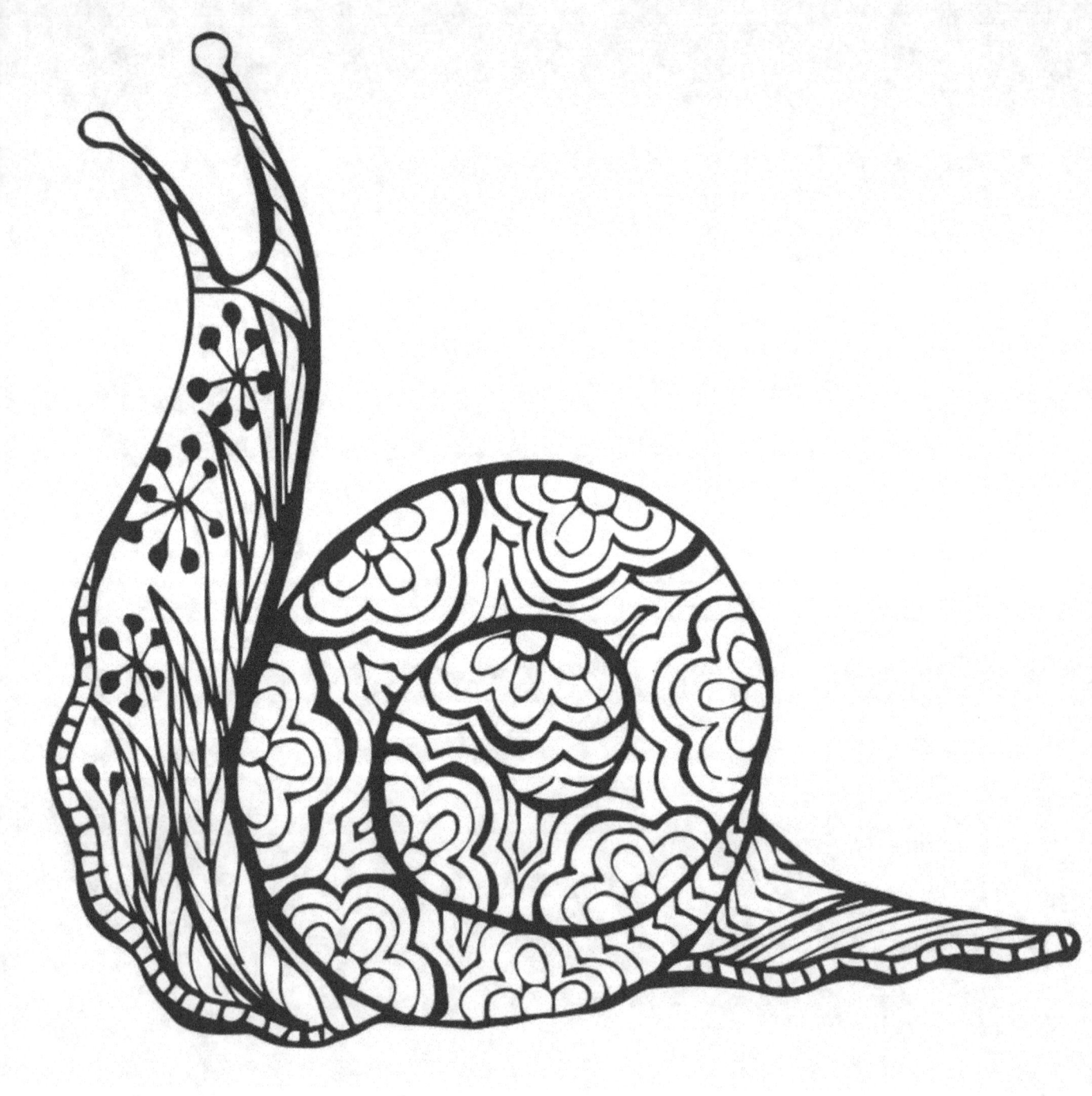

Colora Questa Lumaca

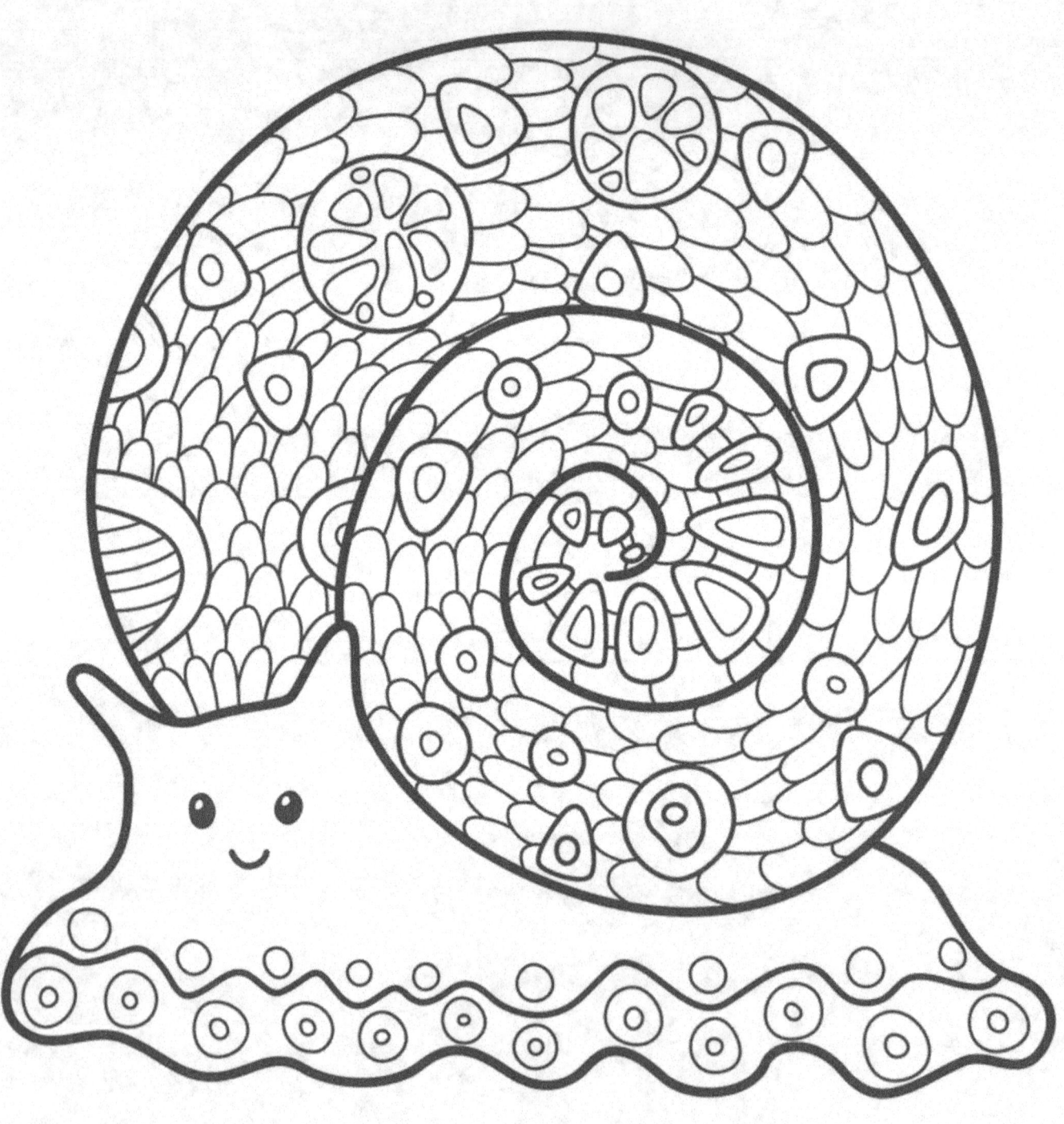

Colora Questa Lumaca

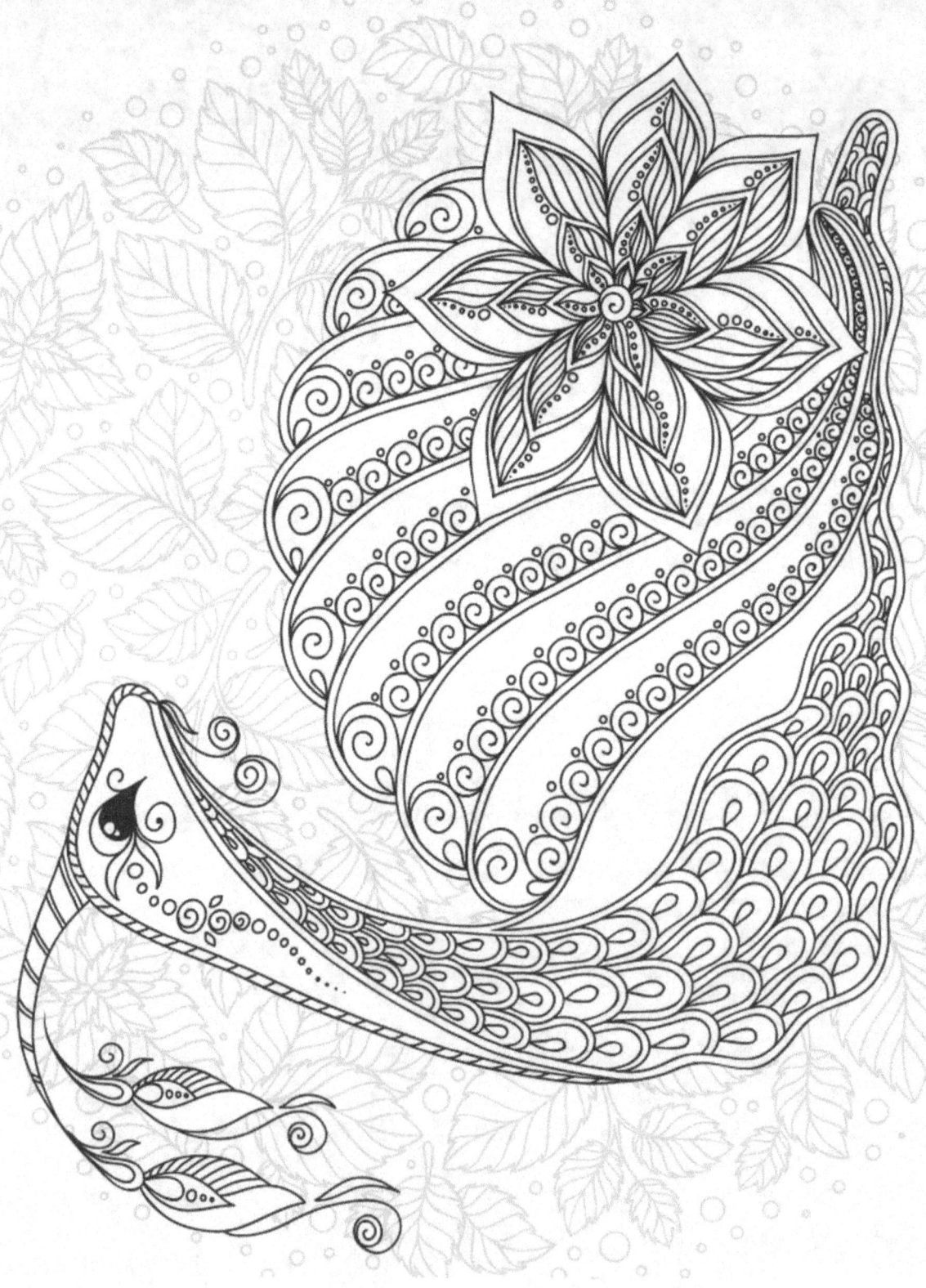

Colora Questa Lumaca

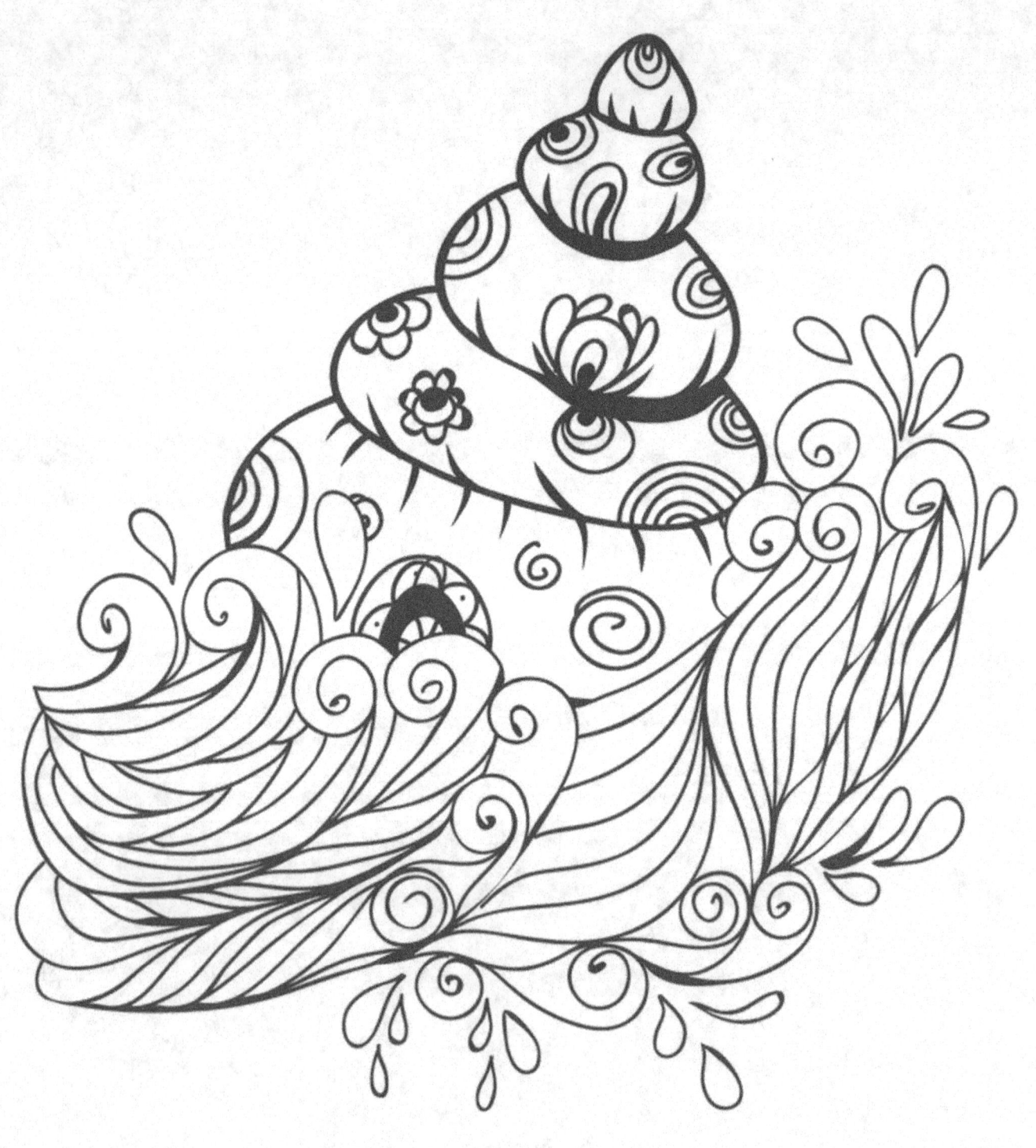

Colora Questa Lumaca

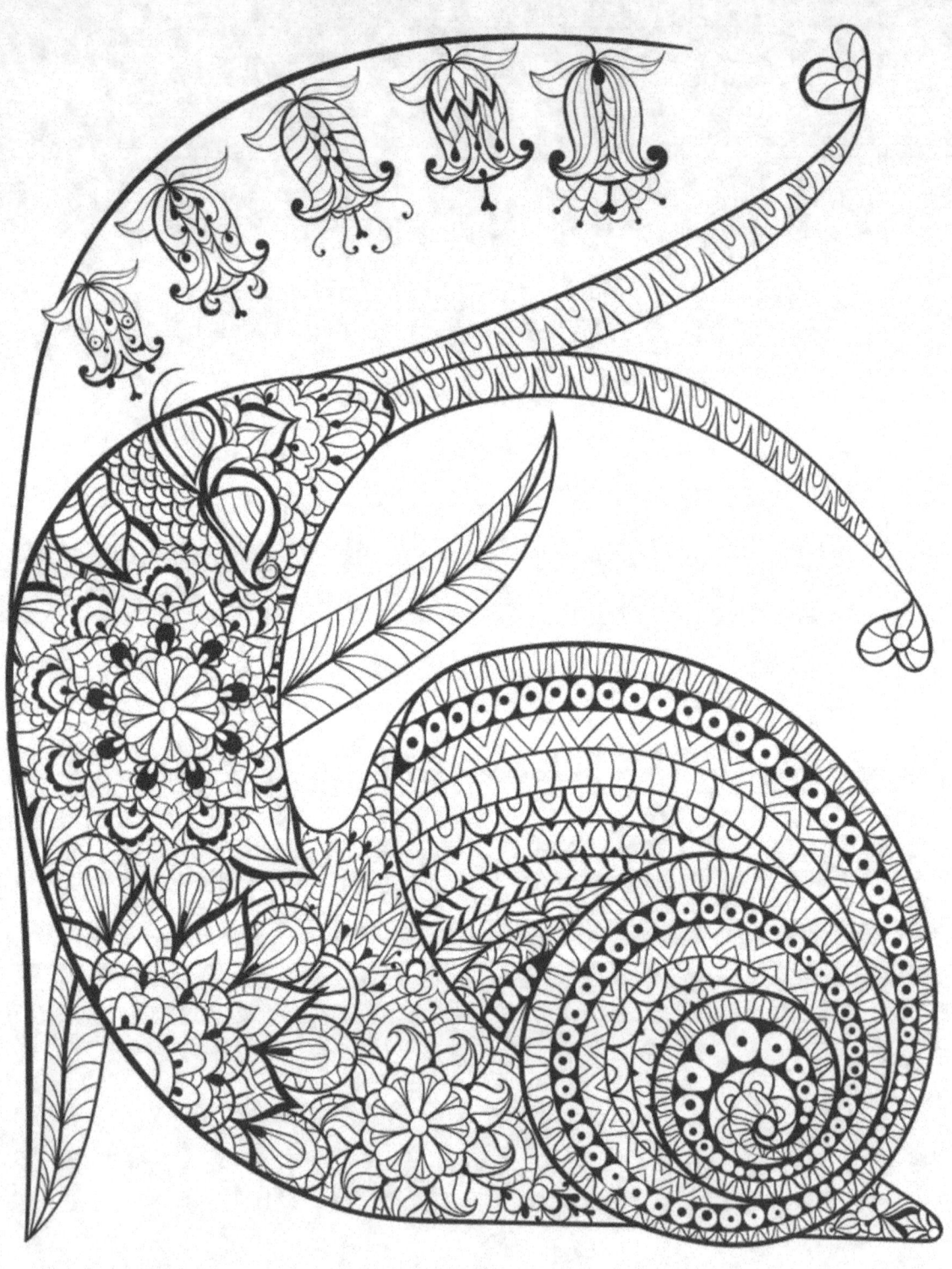

www.ingramcontent.com/pod-product-compliance
Lightning Source LLC
Chambersburg PA
CBHW080532220526
45465CB00006B/2672